斯尔教育
SINCERE EDU

税务师职业资格考试辅导用书

税法（II）

斯尔教育组 编

2022

只做好题

U0620843

北京燕山出版社

图书在版编目（CIP）数据

只做好题. 税法. II / 斯尔教育组编. —— 北京：
北京燕山出版社, 2022.5
税务师职业资格考试辅导用书
ISBN 978-7-5402-6495-6

Ⅰ. ①只… Ⅱ. ①斯… Ⅲ. ①税法－中国－资格考试
－习题集 Ⅳ. ①F23-44

中国版本图书馆CIP数据核字(2022)第068935号

只做好题·税法（Ⅱ）

编　　者：斯尔教育组
责任编辑：王　迪
出版发行：北京燕山出版社有限公司
地　　址：北京市丰台区东铁匠营苇子坑138号
邮政编码：100079
发行电话：（010）65240430
印　　刷：河北鸿运腾达印刷有限公司
开　　本：889mm×1194mm　1/16
印　　张：9
字　　数：231千字
版　　次：2022年5月第1版
印　　次：2022年5月第1次印刷
书　　号：ISBN 978-7-5402-6495-6
定　　价：43.00元

各位备考路上的朋友们，在使用本书之前，有些话想嘱咐给大家：

首先，重视做题。

看书、听课学习是知识输入的过程，但若只是输入，往往会陷入花费相当多的精力认真学习，依然记不住这些知识的困局中，这是因为在知识输入的时候，并没有经过大脑的深层思考，只是储存了知识，尚未能够成功的转化为自己的东西。想要破解这一困局，最有效的办法是进行知识输出，做题便是知识输出非常重要的一环。通过做题，可以检验对知识的掌握程度，同时，对做题过程中遇到模糊不清、模棱两可的知识重新学习、深入思考，再进行输出，便可以成功的将储存的知识转化为自己的知识，提高知识运用的能力，掌握做题技巧。

其次，只做好题。

做题并不是盲目刷题，搞题海战术，而是做好而精的题目。这本书是在经过了大量真题研究之后，按照税务师职称考试大纲的要求进行编写的，与真题的契合度以及知识点的覆盖度都非常高。希望大家可以按照如下指南使用这本书，掌握正确的做题方法，让它助力大家通过考试。

第一，及时练习。

本书和《打好基础》是配套图书，建议在学习完每一章《打好基础》后，及时通过习题练习进行巩固。

第二，独立做题。

切忌边查阅资料边做题，同时谨记选答案时不过分纠结。通过做题暴露出掌握不牢固的知识点，以便起到查漏补缺的效果。

第三，自主分析错题。

核对完答案后，无需因正确率低而黯然神伤，也无需因正确率高而开心不已，正确对待错题，这些错题正是大家在挖矿过程中开采到的一座宝藏，要加以利用发挥其最大价值。不要急于翻阅后附的详细解析，先独立思考，再去翻阅讲义或者笔记，通过自主分析，加强对知识点的理解与记忆。最后再翻阅详细解析，掌握正确的解题思路。

第四，及时复盘。

分析错题原因，是单纯的因为粗心做错，还是未能识别出题人设的陷阱，亦或是对知识点本身掌握不牢或是解题思路有问题。对于粗心大意或是未能识别出陷阱出错的题目，做好标记，日常多提醒；对于薄弱知识点，有针对性攻克遗漏或者忘记的知识点；对于解题思路有问题的题目，提炼总结同类习题的正确解题思路，做好笔记并加以记忆。

最后，祝愿大家能够在知识输入与输出的反复循环中，加强对知识的掌握，举一反三，掌握应试技巧，提高解题能力，顺利通关！

目 录

使用斯尔教育APP
扫码看解析做好题

第一章　企业所得税

一、单项选择题

1.1　下列企业，属于我国企业所得税居民企业的是（　　　）。

A.依照中国台湾地区法律成立且实际管理机构在台湾的企业

B.依照中国香港地区法律成立但实际管理机构在大陆的企业

C.依照美国法律成立且实际管理机构在美国，但在中国境内设立营业场所的企业

D.依照日本法律成立且实际管理机构在日本，但在中国境内从事装配工程作业的企业

1.2　下列关于所得税来源地的确定，符合企业所得税法相关规定的是（　　　）。

A.销售货物所得按照销售企业所在地确定

B.股息、红利权益性投资所得按照分配所得的企业所在地确定

C.特许权使用费所得按照转让特许权的企业所在地确定

D.动产转让所得按照交易活动发生地确定

1.3　在中国境内设立机构、场所的非居民企业取得的下列所得，实际适用10%的企业所得税税率的是（　　　）。

A.与境内机构、场所没有实际联系的境外所得

B.与境内机构、场所没有实际联系的境内所得

C.与境内机构、场所有实际联系的境外所得

D.与境内机构、场所有实际联系的境内所得

1.4　下列关于企业所得税应税收入的确认时间，正确的是（　　　）。

A.销售商品采用托收承付方式的，在办妥托收手续时确认收入的实现

B.销售货物采用预收款方式的，以收到预收款的时间确认收入的实现

C.销售商品采用支付手续费方式委托代销的，发出货物180天后确认收入的实现

D.销售商品需要简单安装的，需要在安装和检验完毕时确认收入的实现

1.5　下列收入确认时间的说法，符合企业所得税相关规定的是（　　　）。

A.包含在商品售价内可区分的服务费应在提供服务的期间分期确认收入

B.长期为客户提供重复的劳务收取的劳务费应在收到费用时确认收入

C.为特定客户开发软件的收费应于软件投入使用时确认收入

D.广告的制作费应在相关广告出现于公众面前时确认收入

1.6　2019年甲公司与乙公司签订股权转让协议，甲公司将所持丙公司30%的股权转让给乙公司。2020年丙公司股东大会审议通过股权转让协议；2021年完成股权变更手续；2022年乙公司付讫股权转让价款。甲公司该股权转让企业所得税收入确认的年度是（　　　）。

A.2019年　　　　　B.2020年　　　　　C.2021年　　　　　D.2022年

1.7 某商贸公司采用"买一赠一"方式销售冰箱20台，不含税销售总金额为60 000元，总成本为40 000元，同时赠送加湿器20台，每台加湿器成本500元，市场不含税销售价格600元，依据企业所得税法相关规定，商贸公司就该业务确认冰箱的销售收入是（　　）元。

A.50 000　　　　　　B.48 000　　　　　　C.72 000　　　　　　D.60 000

1.8 某公司将设备租赁给他人使用，合同约定租期从2021年9月1日到2024年8月31日，每年不含税租金480万元，2021年8月15日一次性收取3年租金1 440万元。下列关于该租赁业务收入确认的说法，正确的是（　　）。

A.2021年增值税应确认的计税收入为480万元

B.2021年增值税应确认的计税收入为160万元

C.2021年应确认企业所得税收入1 440万元

D.2021年可确认企业所得税收入160万元

1.9 依据企业所得税的相关规定，企业接受县政府以股权投资方式投入的国有非货币性资产，应确定的计税基础是（　　）。

A.该资产的公允价值　　　　　　　　　B.该资产的账面净值

C.政府确认的接收价值　　　　　　　　D.该资产的账面原值

1.10 2022年1月甲公司接受母公司划入的一台机器设备用于扩大再生产，该机器设备的账面价值为680万，公允价值为800万，甲公司取得母公司开具的增值税专用发票，增值税专用发票上注明的进项税额为104万元，双方协议未约定作为资本金处理。甲公司接受母公司划入资产应确认的收入金额为（　　）万元。

A.800　　　　　　B.680　　　　　　C.0　　　　　　D.904

1.11 下列关于企业转让代个人持有的上市公司限售股的税务处理中，正确的是（　　）。

A.依法院判决，通过证券登记结算公司将该限售股直接变更到实际所有人名下的，视同转让限售股

B.限售股转让收入扣除限售股原值后的余额为限售股转让所得

C.不能准确计算该限售股原值的，主管税务机关一律按该限售股转让收入的3%，核定为该限售股原值

D.完成纳税义务后的限售股转让收入余额转付给实际所有人时不再纳税

1.12 依据企业所得税的相关规定，符合条件的非营利性组织取得的下列收入，应缴纳企业所得税的是（　　）。

A.接受社会捐赠的收入

B.因政府购买服务取得的收入

C.按照省以上民政、财政部门规定收取的会费收入

D.不征税收入、免税收入孳生的银行存款利息收入

1.13 下列收入中，属于企业所得税法规定的不征税收入的是（　　）。

A.企业收到地方政府未规定专项用途的税收返还款收入

B.外贸企业收到的出口退税款收入

C.事业单位收到的财政拨款收入

D.企业依法收取未上缴财政的政府性基金

1.14　下列费用，应作为职工教育经费在企业所得税前全额扣除的是（　　）。

A.核力发电企业发生的核电厂操纵员培养费用

B.软件生产企业发生的职工培训费用

C.航空企业发生的乘务训练费

D.航空企业发生的飞行训练费

1.15　2021年某公司给自有员工实际发放合理工资总额为1 000万元；公司生产部门接受外部劳务派遣员工6人，向每人每月直接支付劳务费3 000元；公司员工食堂接受外部劳务派遣员工3人，向每人每月直接支付劳务费2 000元。假设当年会计账簿记录的职工福利费为200万元（已做正确的账务处理），职工福利费应调增应纳税所得额（　　）万元。

A.56.98　　　　　B.55.97　　　　　C.60.00　　　　　D.61.01

1.16　2021年某医药上市公司给自有员工以现金形式发放的合理工资总额为1 000万元，当年该公司高管对其拥有的100 000股股票期权行权，行权价为20元/股，行权日公允价值为50元/股，会计上费用确认了180万。假设公司当年发生的职工教育经费为70万元，上年结转未扣除的职工教育经费为40万元，上述事项应调整应纳税所得额（　　）。

A.调减24.4万元　　　　　　　　　　B.调减144.4万元

C.调减160万元　　　　　　　　　　D.调减154万元

1.17　企业支付的下列保险费，不得在企业所得税税前扣除的是（　　）。

A.企业为投资者购买的商业保险

B.企业按规定为职工购买的工伤保险

C.企业为特殊工种职工购买的法定人身安全保险

D.企业按规定缴纳的公众责任险

1.18　某白酒制造企业2021年取得收入4 000万元，向广告公司支出广告费用500万元，广告已经制作且取得广告公司发票，2016年和2020年企业结转至本年扣除的广告费用分别为55万元和105万元，该企业计算2021年企业所得税时可以扣除广告费用（　　）万元。

A.500　　　　　B.605　　　　　C.660　　　　　D.600

1.19　某电子公司（企业所得税税率15%）2021年1月1日向母公司（企业所得税税率25%）借入2年期贷款5 000万元用于购置原材料，约定年利率为10%，银行同期同类贷款利率为7%。2021年电子公司企业所得税前可扣除的该笔借款的利息费用为（　　）万元。

A.1 000　　　　　B.500　　　　　C.350　　　　　D.0

1.20　甲公司持有乙制造公司60%股权，乙企业注册资本为4 000万元。2021年6月1日，乙公司向甲公司借款5 000万元用于扩大再生产，借款期限为3年，约定年利率为10%，银行同期同类贷款利率为7%。2021年乙公司企业所得税前可扣除的该笔借款的利息费用为（　　）万元。

A.336.00　　　　　B.168.00　　　　　C.196.00　　　　　D.204.17

1.21　企业发生的广告费，下列所得税处理正确的是（　　）。

A.酒类制造企业的广告费，不得在税前扣除

B.医药销售企业的广告费，不超过当年销售收入30%的部分准予税前扣除

C.企业筹建期间发生的广告费，可按实际发生额计入筹办费，按有关规定在税前扣除

D.签订广告分摊协议的关联企业，计算税前可扣除的广告费，只能在关联企业之间平均扣除

1.22 甲企业于2015年1月开始生产经营，2018年6月28日取得国家高新技术企业资质，截至2021年12月31日经营状况如下表。该企业2021年应缴纳企业所得税（　　　）万元。

年度	2015年	2016年	2017年	2018年	2019年	2020年	2021年
所得	−430	−100	−100	200	50	−150	700

A.87.50　　　　　　　B.52.50　　　　　　　C.25.50　　　　　　　D.42.50

1.23 依据企业所得税的相关规定，下列固定资产可以计提折旧的是（　　　）。

A.闲置未用的仓库和办公楼

B.以经营租赁方式租入的生产设备

C.单独估价作为固定资产入账的土地

D.已提足折旧仍继续使用的运输工具

1.24 甲公司2021年新租入一栋办公楼，合同约定租期自2021年5月1日至2024年4月30日，月租金为80万元，甲公司于2021年5月10日支付一年租金960万元。为营造更好的办公环境，甲公司对此办公楼重新装修，于6月15日装修完成，共发生装修费102万元。该事项甲公司2021年可以税前扣除的金额是（　　　）万元。

A.658　　　　　　　B.661　　　　　　　C.742　　　　　　　D.1 062

1.25 2020年6月1日甲居民企业以账面价值500万元、公允价值800万元的实物资产直接投资于境内成立的乙非上市企业（该实物资产的账面价值与企业所得税计税基础一致），取得乙企业30%的股权，该过程支付的相关税费120万元。投资期间乙企业累计盈余公积和未分配利润1 000万元，2021年3月15日取得乙公司的分红200万元，2021年10月1日以1 500万元的价格转让。甲企业2021年取得的股息所得及股权转让所得应缴纳的企业所得税为（　　　）万元。

A.145　　　　　　　B.120　　　　　　　C.195　　　　　　　D.220

1.26 2020年1月小斯居民企业以800万元直接投资小丁居民企业，取得股权40%。2021年12月，小斯企业将所持小丁企业股权全部撤回。取得转让收入1 000万元。投资期间小丁企业累计盈余公积和未分配利润400万元。小斯居民企业撤回投资的应缴纳的企业所得税为（　　　）万元。

A.10　　　　　　　B.50　　　　　　　C.30　　　　　　　D.250

1.27 下列应收账款损失，如已说明情况出具专项报告并在会计上已作为损失处理的，可以在企业所得税前扣除的是（　　　）。

A.逾期3年的20万元应收账款损失

B.相当于企业年度收入千分之一的应收账款损失

C.逾期2年的10万元应收账款损失

D.逾期1年的10万元应收账款损失

1.28 甲企业持有乙企业93%的股权，共计3 000万股。2021年8月丙企业决定收购甲企业所持有的乙企业全部股权，该股权每股计税基础为10元，收购日每股公允价值为12元。在收购中丙企业以公允价值为32 400万元的股权以及3 600万元银行存款作为支付对价。假定该收购行为符合且企业选择特殊性税务处理，则甲企业股权转让的应纳税所得额为（　　）万元。

A.600　　　　　　B.5 400　　　　　　C.0　　　　　　D.6 000

1.29 依据企业所得税的相关规定，当企业分立事项采取一般性税务处理方法时，分立企业接受资产的计税基础是（　　）。

A.被分立资产的公允价值　　　　　　B.被分立资产的账面净值

C.被分立资产的账面原值　　　　　　D.被分立资产的评估价值

1.30 2021年10月甲企业吸收合并乙企业，该业务符合特殊性税务处理相关条件。合并日乙企业净资产账面价值1 000万元、公允价值1 200万元，五年内尚未弥补的亏损为60万元。假设年末国家发行的最长期限国债利率为4.5%，则甲企业可弥补的乙企业亏损限额是（　　）万元。

A.0　　　　　　B.45　　　　　　C.54　　　　　　D.60

1.31 下列所得，可享受企业所得税减半征税优惠的是（　　）。

A.种植油料作物的所得　　　　　　B.种植豆类作物的所得

C.种植香料作物的所得　　　　　　D.种植糖料作物的所得

1.32 某商业企业2021年年均职工人数215人，年均资产总额4 500万元，当年经营收入5 640万元，税前准予扣除项目金额5 400万元。某企业2021年应缴纳企业所得税（　　）万元。

A.19.00　　　　　　B.24.00　　　　　　C.30.00　　　　　　D.16.50

1.33 2021年某互联网企业（我国居民企业）发生符合条件的研发费用共计5 400万元（含其他相关费用600万元），在计算企业所得税时，该企业当年研发费用可以扣除的金额为（　　）万元。

A.9 450.00　　　　　　B.10 800.00　　　　　　C.9 400.00　　　　　　D.10 733.33

1.34 某企业2021年6月购置并投入使用环境保护专用设备（属于企业所得税优惠目录的范围），取得增值税专用发票注明的金额300万元、税额39万元。该设备未选择一次性税前扣除，会计折旧年限符合税法规定。2021年该企业应纳税所得额468万元。该企业当年应缴纳的企业所得税是（　　）万元。

A.12.00　　　　　　B.42.00　　　　　　C.87.00　　　　　　D.109.50

1.35 甲创业投资企业2020年1月1日向乙企业（初创期科技型企业）投资5 000万元，甲企业2021年度的应纳税所得额为6 500万元，该企业2021年应缴纳的企业所得税是（　　）万元。

A.1 625　　　　　　B.375　　　　　　C.500　　　　　　D.750

1.36 下列关于海南自由贸易港企业的企业所得税税收优惠说法中，正确的是（　　）。

A.对注册在海南自由贸易港并实质性运营的鼓励类产业企业，减按10%的税率征收企业所得税

B.在海南自由贸易港设立的旅游业企业，从境外新设分支机构取得的营业利润免征企业所得税（被投资国企业所得税率符合规定）

C.在海南自由贸易港设立的高新技术产业企业从其当年新收购的持股比例15%的境外子公司取得的分红免征企业所得税（被投资国企业所得税率符合规定）

D.对在海南自由贸易港设立的企业新购置的机器设备，允许一次性计入当期成本费用在计算应纳税所得额时扣除，不再分年度计算折旧和摊销

1.37 某外国公司实际管理机构不在中国境内，也未在中国境内设立机构、场所，2020年从中国境内某企业取得非专利技术使用权转让收入21.2万元（含增值税），发生成本10万元。已知增值税适用税率为6%，该外国公司不满足受益所有人的条件，则其在中国境内应缴纳企业所得税（　　）万元。

A.1.00　　　　　　B.2.00　　　　　　C.2.50　　　　　　D.5.00

1.38 下列关于外国企业常驻代表机构经费支出的规定，正确的是（　　）。

A.购置固定资产的支出，应在发生时一次性计入经费支出额

B.代表处设立时发生的装修费，应按照长期待摊费用不低于3年分摊计入经费支出额

C.发生的交际应酬费，应按照实际发生额的60%计入经费支出额

D.以货币形式用于我国境内公益事业的捐赠可以据实作为经费支出额

1.39 房地产开发企业单独作为过渡性成本对象核算的公共配套设施开发成本，分配至各成本对象的方法是（　　）。

A.建筑面积法　　　　　　　　　　B.占地面积法

C.直接成本法　　　　　　　　　　D.预算造价法

1.40 房地产开发企业预提的下列费用中，不可以税前扣除的是（　　）。

A.预提的出包工程款　　　　　　　B.预提的物业管理基金

C.预提的共建维修基金　　　　　　D.预提的资产减值损失

1.41 企业在年度中间终止经营活动，办理企业所得税汇算清缴的时间是（　　）。

A.自清算完成之日起30天内

B.自注销营业执照之前30日内

C.自终止实际经营之日起60日内

D.自人民法院宣告破产之日起15日内

二、多项选择题

1.42 下列各项所得，需要缴纳我国企业所得税的有（　　）。

A.中国境内企业转让其位于俄罗斯的厂房取得的收入

B.中国境内未设机构、场所的日本企业投资中国境内企业取得的股息所得

C.中国境内未设机构、场所的日本企业将其机器设备转让给中国境内企业取得的收入

D.中国境内企业在美国提供建筑服务取得的收入

E.中国境内设立机构、场所的美国企业，将该机构的机器设备出租给日本企业取得的租金收入

1.43 依据企业所得税的相关规定，下列关于收入确认的时间，正确的有（　　）。

A.利息收入，以实际收到债务人支付利息的日期确认收入

B.以分期收款方式销售货物的，按照合同约定的收款日期确认收入

C.房地产企业以分期收款方式销售开发产品的，按销售合同约定的收款日期确认收入的实现。付款方提前付款的，在实际付款日确认收入

D.销售商品采取预收款方式的，在发出商品时确认收入

E.采取产品分成方式取得收入的，按照合同约定应分得产品的日期确认收入

1.44 下列收入确认时间的说法，符合企业所得税相关规定的有（   ）。

A.宣传媒介的收费，应在相关的广告或商业行为出现于公众面前时确认收入

B.艺术表演的收费，应在表演发生时确认收入

C.会员费的收费，如果申请人入会后会员期内不再付费就可得到各种服务，该会员费应在会员到期时确认收入

D.会员费的收费，如果只允许取得会籍，所有其他服务或商品都要另行收费的，该会员费在取得时确认收入

E.安装费，如果安装工作是商品销售的附带条件，安装费在确认商品销售实现时确认收入

1.45 依据企业所得税的相关规定，下列行为应视同销售确认收入的有（   ）。

A.将外购货物用于业务宣传

B.将自产货物用于职工奖励

C.将自建商品房转为固定资产

D.将自产货物用于职工宿舍建设

E.将自产货物移送到境外分支机构

1.46 下列关于收入确认金额的说法，符合企业所得税相关规定的有（   ）。

A.采用售后回购方式销售商品进行融资的，销售的商品按售价确认收入

B.采用以旧换新方式销售商品的，应按实际收到的金额确认收入

C.采取商业折扣方式销售商品的，应按商业折扣后的金额确认收入

D.采取现金折扣方式销售商品的，应按现金折扣后的金额确认收入

E.已经确认销售收入的售出商品发生销售折让的，应冲折让当期的收入

1.47 企业取得的下列收入，应一次性计入收入取得所属纳税年度的有（   ）。

A.债务重组收入　　　　　　　B.租金收入

C.接受捐赠收入　　　　　　　D.工期为两年的船舶制造收入

E.无法偿付的应付款收入

1.48 2021年1月1日甲居民企业以账面价值500万元、公允价值800万元的实物资产直接投资于乙居民企业（该实物资产的账面价值与企业所得税计税基础一致），取得乙企业30%的股权，2021年1月1日投资协议生效并办理了相关股权变更手续。2022年1月，甲企业将持有乙企业的股权全部转让，取得收入900万元。下列关于甲企业该项投资业务企业所得税处理的说法中，正确的有（   ）。

A.甲企业在投资当年无须确认非货币性资产转让所得，可递延至转让时确认转让所得

B.甲企业可选择分5年分期确认非货币性资产转让所得，2021年应确认的非货币性资产转让所得为60万元

C.甲企业可选择分5年分期确认非货币性资产转让所得，2022年应确认的应纳税所得额为340万元

D.2021年甲企业取得的乙企业股权计税基础为500万元

E.2021年乙企业取得的实物资产计税基础为800万元

1.49 依据企业所得税的相关规定，企业取得的下列资金中，不计入企业收入总额的有（　　）。

A.增加企业实收资本的国家投资

B.无法偿付的应付款项

C.企业资产的溢余收入

D.企业使用后需归还财政的资金

E.按规定取得的增值税即征即退退税款

1.50 企业发行符合条件的永续债可以适用股息、红利企业所得税政策，也可以适用债券利息企业所得税政策。下列属于按照债券利息适用企业所得税政策的永续债应符合的条件有（　　）。

A.有明确的利率和付息频率

B.投资方参与被投资企业日常经营活动

C.该投资的清偿顺序位于被投资企业股东持有的股份之前

D.有一定的投资期限

E.被投资企业可以赎回，或满足特定条件后可以赎回

1.51 依据企业所得税相关规定，关于业务招待费计算扣除的说法，正确的有（　　）。

A.企业筹建期间发生的业务招待费，可按实际发生额的60%计入筹办费在税前扣除

B.创投企业从其被投资企业所分配的股息、红利，可作为业务招待费的计算基数

C.从事股权投资业务的企业取得的股权转让收入，可作为业务招待费的计算基数

D.企业税前可扣除的业务招待费，最高不得超过当年销售或营业收入的5‰

E.企业视同销售的收入，不得作为业务招待费的计算基数

1.52 集成电路设计企业的下列支出，在计算应纳税所得额时可在发生当期据实扣除的有（　　）。

A.职工培训费

B.以现金方式支付给中介服务机构的手续费

C.诉讼费

D.非广告性赞助支出

E.通过市政府向目标脱贫地区的捐赠支出

1.53 下列支出，可以在企业所得税税前扣除的有（　　）。

A.子公司支付给母公司的管理费

B.直接对贫困生捐赠支出

C.企业内设营业机构之间支付的特许权使用费

D.银行企业内设营业机构之间支付的利息

E.关联企业租赁设备支付的合理租金

1.54　根据企业所得税相关规定，企业下列支出超过税法规定扣除限额标准，准予向以后年度结转扣除的有（　　　）。

A.业务宣传费支出

B.公益性捐赠支出

C.广告费支出

D.职工教育经费支出

E.职工福利费支出

1.55　根据企业所得税相关规定，下列支出应作为长期待摊费用进行税务处理的有（　　　）。

A.融资租入固定资产的租赁费支出

B.租入固定资产的改建支出

C.固定资产的大修理支出

D.已提足折旧的固定资产的改建支出

E.未提足折旧的固定资产改建支出

1.56　关于无形资产的企业所得税处理，下列说法正确的有（　　　）。

A.外购的无形资产，以购买价款和支付的相关税费作为计税基础

B.外购商誉的支出，在企业整体转让或清算时扣除

C.自创商誉不得计算摊销费用扣除

D.通过债务重组方式取得的无形资产，以应收债权和支付的相关税费作为计税基础

E.作为投资的无形资产，有关合同约定了使用年限的，可按照约定的使用年限摊销

1.57　依据企业所得税的相关规定，企业发生的下列资产损失，应采取专项申报方式向税务机关申报扣除的有（　　　）。

A.固定资产超过使用年限正常报废清理的损失

B.债务人死亡或者依法被宣告失踪造成的损失

C.与债务人达成债务重组协议无法追偿的损失

D.商业零售企业因零星失窃形成的损失

E.商业零售企业因运输失事形成的损失

1.58　依据企业所得税的相关规定，金融企业准予税前提取贷款损失准备金的贷款有（　　　）。

A.担保贷款　　　　　　　　　　B.委托贷款

C.代理贷款　　　　　　　　　　D.抵押贷款

E.质押贷款

1.59　对100%直接控制的居民企业之间按照账面净值划转资产，符合特殊性税务处理条件的下列税务处理，正确的有（　　　）。

A.划入方企业取得的被划转资产，应按其账面原值计算折旧扣除

B.划入方企业取得被划转资产的计税基础以账面原值确定

C.划入方企业不确认所得

D.划入方企业取得的被划转资产，应按其账面净值计算折旧扣除

E.划出方企业不确认所得

1.60 下列各项收入，免征企业所得税的有（   ）。

A.转让国债取得的转让收入

B.非营利组织免税收入孳生的银行存款利息

C.国际金融组织向居民企业提供一般贷款的利息收入

D.企业种植观赏性植物

E.国债利息收入

1.61 下列项目的所得，免征企业所得税的有（   ）。

A.企业销售牲畜产生的分泌物

B.企业外购茶叶筛选分包后销售

C.农机作业和维修

D.农产品初加工

E.企业委托个人饲养家禽

1.62 下列项目所得，可以享受企业所得税"三免三减半"优惠政策的有（   ）。

A.符合条件的节能服务公司实施的合同能源管理项目所得

B.环境保护项目所得

C.国家重点扶持的公共基础设施项目所得

D.节能节水项目所得

E.资源综合利用项目所得

1.63 下列关于企业所得税加速折旧优惠政策的说法，正确的有（   ）。

A.企业2022年3月新购进单位价值460万元的设备，应分年度计算折旧扣除，不得一次性计入当期成本费用税前扣除

B.选择一次性税前扣除的固定资产，应在投入使用月份的当月所属年度一次性税前扣除

C.固定资产加速折旧如采取缩短折旧年限方式的，不能低于规定折旧年限的60%

D.中小微企业2022年新购进的价值500万元以上的电子设备，可全额在当年一次性税前扣除

E.中小微企业2022年新购进的价值500万元以上的大型机器设备，价值的50%可选择在当年一次性税前扣除

1.64 居民企业的下列所得，可以享受企业所得税技术转让所得优惠政策的有（   ）。

A.转让拥有5年以上的技术所有权的所得

B.转让计算机软件著作权的所得

C.转让植物新品种的所得

D.从直接或间接持有股权之和达100%的关联方取得的转让所得

E.转让拥有5年以上非独占许可使用权的所得

1.65 在境内未设立机构、场所的非居民企业取得的下列利息所得，可享受企业所得税免税优惠的有（   ）。

A.国际金融组织向中国政府提供优惠贷款取得的利息所得

B.外国企业向中国居民企业提供优惠贷款取得的利息所得

C.外国政府向中国政府提供贷款取得的利息所得

D.国际金融组织向中国居民企业提供优惠贷款取得的利息所得

E.国际金融组织向中国非居民企业提供优惠贷款取得的利息所得

1.66 下列关于沪港通、深港通股票市场交易互联互通机制试点有关税收政策，正确的有（   ）。

A.内地投资者通过沪港通转让香港上市股票取得的转让收入，征收企业所得税

B.内地投资者通过沪港通持有H股满12个月取得的股息红利收入，免征企业所得税

C.内地投资者通过沪港通持有H股满1个月取得的股息红利收入，免征企业所得税

D.香港投资者通过沪港通转让A股取得的转让收入，征收企业所得税

E.香港投资者通过沪港通持有A股满12个月取得的股息红利收入，免征企业所得税

1.67 下列居民企业中，不得核定征收企业所得税的有（   ）。

A.小额贷款公司

B.上市公司

C.担保公司

D.进出口代理公司

E.专门从事股权（股票）投资业务的企业

1.68 下列业务企业所得税的处理，正确的有（   ）。

A.用于保值增值的艺术品，应作为投资资产进行税务处理，不得计提折旧税前扣除

B.企业所得税核定征收改为查账征收后,企业能够提供资产购置发票的，以发票载明金额为该资产的计税基础

C.境外投资者在境内从事混合性投资业务，境内被投资企业向境外投资者支付的利息应视为股息，不得进行税前扣除

D.企业取得的与销货数量挂钩的政府财政补贴，应当按照权责发生制原则确认收入

E.购买方企业可转换债券转换为股票时，将应收未收利息一并转为股票的，其应收未收利息作为利息收入申报纳税

1.69 下列关于房地产开发企业成本、费用扣除的企业所得税处理，正确的有（   ）。

A.企业利用地下基础设施建成的停车场，应作为公共配套设施处理

B.企业因国家无偿收回土地使用权形成的损失可按照规定扣除

C.企业支付给境外销售机构不超过委托销售收入20%的部分准予扣除

D.企业单独建造的停车场所，应作为成本对象单独核算

E.企业在房地产开发区内建造的学校应单独核算成本

1.70 依据《跨地区经营汇总纳税企业所得税征收管理办法》的规定，计算各分支机构企业所得税分摊比例，需要考虑的因素有（   ）。

A.职工薪酬

B.期间费用

C.营业收入

D.资产总额

E.利润总额

1.71 关于企业政策性搬迁相关资产计税成本及计税收入的确定，下列说法正确的有（   ）。

A.企业搬迁过程中外购的固定资产，以购买价款和支付的相关税费作为计税成本

B.企业搬迁中被征用的土地，采取土地置换的，以换入土地的评估价值作为计税成本

C.企业由于搬迁处置存货而取得的收入，应计入企业搬迁收入

D.企业需要大修理才能重新使用的搬迁资产，以该资产净值与大修理支出合计数作为计税成本

E.企业由于搬迁而报废的资产，如无转让价值，其净值作为企业的资产处置支出

1.72　企业2022年度发生的下列研发费用，未形成无形资产的，可以按照实际发生额的100%在税前加计扣除的有（　　　）。

A.制造业企业自行研发新工艺的费用

B.科技型中小企业对自产软件产品的常规升级费用

C.高新技术企业自行研发产品的费用

D.制造业企业委托境内单位开展研发活动的费用

E.科技型中小企业自行开展研发活动的费用

三、计算题

1.73　非居民企业甲在中国境内未设立机构场所，2021年12月与居民企业乙签订一项新型设备销售合同并提供安装、培训服务，该设备净值为300万元，双方在合同中约定乙支付甲价款合计400万元，未单独列明安装、培训服务的金额，甲派遣员工在境内外负责该项业务，但无法提供真实有效的材料证明其在境内外发生的劳务及金额，税务机关对其劳务部分核定征收企业所得税，核定利润率为30%（本题不考虑其他税费）。

根据上述资料，回答以下问题：

（1）下列关于非居民企业应纳税所得额的说法，错误的是（　　　）。

A.特许权使用费所得以收入全额为应纳税所得额

B.转让财产所得以收入全额为应纳税所得额

C.租金所得以收入全额为应纳税所得额

D.股息所得以收入全额为应纳税所得额

（2）税务机关对于未准确列明的安装、培训劳务收入采用最低标准进行核定，则核定的劳务收入为（　　　）万元。

A.80　　　　　　　B.60　　　　　　　C.40　　　　　　　D.30

（3）安装培训劳务收入按照核定征收的方式应纳企业所得税是（　　　）万元。

A.3.00　　　　　　B.2.25　　　　　　C.1.20　　　　　　D.0.90

（4）对设备销售合同，下列关于乙企业代扣代缴企业所得税的说法，正确的是（　　　）。

A.乙企业应当自合同签订之日起10日内向税务机关办理扣缴税款登记

B.乙企业代扣代缴的税款应当自代扣之日起10日内缴入国库

C.乙企业未依法扣缴的，由甲企业在所得发生地缴纳

D.乙企业未依法扣缴的，税务机关无权从该纳税人在中国境内其他收入项目的支付人应付的款项中，追缴该纳税人的应纳税款

1.74　某房地产开发公司2021年开发一栋写字楼，相关资料如下：

（1）取得土地使用权支付土地出让金4 000万元、市政配套设施费350万元，拆迁补偿支出250万元，缴纳契税184万元；

（2）支付前期工程费、建筑安装工程费、基础设施工程费共计6 800万元，支付公共配套设施费400万元；

（3）写字楼地上可售建筑面积12 000平方米，地下配套车位不可售面积3 000平方米；

（4）公司采取视同买断方式委托代销写字楼面积70%，每平方米不含税买断价1.9万元，剩余面积10%用于抵偿债务，20%办公自用；公司、受托方、购买方三方共同签订销售合同，合同约定不含税收入16 800万元（已收到受托方已销写字楼清单，抵债部分已经办理所有权转移手续）；

（5）取得地下车位临时停车费不含税收入18万元；

（6）发生期间费用1 500万元，缴纳城市维护建设税、教育费附加、城镇土地使用税、印花税、土地增值税等税金及附加共计2 100万元。

根据上述资料，回答以下问题：

（1）该公司2021年企业所得税应税收入是（　　　）万元。

A.18 258　　　　　B.19 218　　　　　C.19 200　　　　　D.16 818

（2）该公司2021年企业所得税前应扣除的土地成本（含契税）是（　　　）万元。

A.4 784.00　　　　B.3 547.20　　　　C.3 348.80　　　　D.3 827.20

（3）该公司2021年企业所得税前应扣除土地成本以外的开发成本是（　　　）万元。

A.7 200　　　　　B.6 040　　　　　C.5 040　　　　　D.5 760

（4）该公司2021年应缴纳企业所得税（　　　）万元。

A.1 687.70　　　　B.908.50　　　　C.1 798.30　　　　D.1 507.70

四、综合分析题

1.75　某电子设备制造企业为增值税一般纳税人，适用企业所得税税率25%，其2021年度的生产经营情况如下：

（1）当年销售货物实现销售收入8 000万元，对应的成本为5 000万元。

（2）12月购入专门用于研发的新设备并投入使用，取得增值税普通发票上注明的金额为600万元，当月投入使用。会计上作为固定资产核算并按照5年计提折旧。

（3）其他业务收入700万元，其他业务支出100万元，全部为转让5年以上非独占许可使用权收入，及与之相应的成本及税费。

（4）当年发生管理费用800万元，其中含新产品研究开发费用300万元（已独立核算管理）、业务招待费80万元。

（5）当年发生销售费用1 800万元，其中含广告费1 200万元，业务宣传费300万元。

（6）当年发生财务费用200万元。

（7）取得投资收益330万元，其中地方政府债券利息收入150万元（该地方政府债券系2020年度发行），企业债券利息收入180万元。

（8）全年计入成本、费用的实发合理工资总额400万元（含残疾职工工资50万元，生产线临时工工资10万元），实际发生职工福利费120万元，职工教育经费33万元（含实习生培训费1万元），拨缴工会经费18万元。

（9）当年发生营业外支出共计130万元，其中违约金5万元，公益性捐赠支出120万元（含用于目标脱贫地区的扶贫捐赠支出30万元）。

（10）当年税金及附加科目共列支200万元。

已知：各扣除项目均已取得有效凭证，相关优惠已办理必要手续。

根据上述资料，回答下列问题：

（1）下列关于资料（2）（3）的表述，正确的是（　　）。

A.12月购进新设备的成本可以一次性税前列支

B.12月购进的新设备，应调减2021年应纳税所得额600万元

C.企业转让非独占许可使用权无需进行纳税调整

D.企业转让非独占许可使用权应调减应纳税所得额550万元

（2）2021年该企业新产品研究开发费用和业务招待费应调整的应纳税所得额为（　　）万元。

A.调减188.50　　　B.调减263.50　　　C.调减268.00　　　D.调减193.00

（3）2021年该企业广告费和业务宣传费、投资收益应调整的应纳税所得额为（　　）万元。

A.调增45　　　B.调减150　　　C.调减330　　　D.调减135

（4）2021年该企业工资、职工福利费、工会经费和职工教育经费的纳税调整额合计是（　　）万元。

A.调增25.00　　　B.调增75.00　　　C.调增77.40　　　D.调增27.40

（5）业务（9）应调整的应纳税所得额为（　　）万元。

A.调增5　　　B.调增24　　　C.调增29　　　D.调整0

（6）2021年该企业应缴纳企业所得税（　　）万元。

A.5.65　　　B.14.13　　　C.8.48　　　D.11.30

1.76　某饮料生产企业甲上市公司为增值税一般纳税人，适用企业所得税税率25%，2021年度实现营业收入80 000万元，会计利润为5 600万元。2022年5月经聘请的税务师事务所审核后，发现如下事项：

（1）2月对50名高管授予限制性股票，约定服务期满1年后每人可按6元/股购买2 000股股票，授予日股票公允价值为10元/股，甲企业按照会计准则确认100万管理费用。当月，转让一项专利技术取得收入1 000万元，取得该项专利技术的成本和相关税费为300万元。

（2）3月转让持有的部分国债，取得收入1 285万元，其中包含持有期间尚未兑付的利息收入20万元。该部分国债按照先进先出法确定的取得成本为1 240万元。

（3）6月购置一台生产线并投入使用，支付的不含税价格为400万元，会计核算按照使用期限5年、预计净残值率5%计提了累计折旧，企业选择一次性在企业所得税前进行扣除。

（4）发生广告费和业务宣传费用7 300万元，其中300万元用于冠名的真人秀于2020年2月制作完成并播放，企业所得税汇算清缴结束前尚未取得相关发票。

（5）成本费用中含发放的合理职工工资6 000万元，发生的职工福利费900万元、职工教育经费520万元，取得工会经费代收凭据注明的拨缴工会经费100万元。

（6）发生业务招待费800万元。

（7）当年投入1 000万元研发新产品和新工艺，其中400万元未形成无形资产，已经全额计入费用中扣除，600万元于7月1日形成了无形资产，摊销年限为10年，当年会计未进行摊销。

根据上述资料，不考虑其他税费，回答下列问题：

（1）该企业资料（1）应调整的应纳税所得额为（　　　）万元。

A.调减700　　　　　　B.调减650　　　　　　C.调减600　　　　　　D.调减500

（2）该企业资料（2）和（3）应调减的应纳税所得额合计为（　　　）万元。

A.362　　　　　　　　B.382　　　　　　　　C.420　　　　　　　　D.400

（3）该企业2021年广告费和业务招待费的纳税调整额是（　　　）万元。

A.300　　　　　　　　B.400　　　　　　　　C.700　　　　　　　　D.480

（4）该企业2021年职工福利费、职工教育经费和工会经费应调整应纳税所得额（　　　）万元。

A.60　　　　　　　　　B.40　　　　　　　　　C.80　　　　　　　　　D.100

（5）下列关于该企业资料（7）中研发费用说法正确的有（　　　）。

A.未形成无形资产的研发费用可以加计扣除400万元

B.未形成无形资产的研发费用可以加计扣除300万元

C.已形成无形资产的部分，应调减当年的应纳税所得额30万元

D.已形成无形资产的部分，应调减当年的应纳税所得额60万元

E.已形成无形资产的部分，应调减当年的会计利润总额30万元

（6）该企业2021年应缴纳的企业所得税（　　　）万元。

A.1 227.00　　　　　　B.1 269.50　　　　　　C.1 272.00　　　　　　D.1 264.50

答案与解析

一、单项选择题

1.1	B	1.2	B	1.3	B	1.4	A	1.5	A
1.6	C	1.7	A	1.8	D	1.9	C	1.10	D
1.11	D	1.12	B	1.13	C	1.14	B	1.15	A
1.16	D	1.17	A	1.18	D	1.19	C	1.20	C
1.21	C	1.22	C	1.23	A	1.24	A	1.25	A
1.26	A	1.27	A	1.28	A	1.29	A	1.30	C
1.31	C	1.32	D	1.33	C	1.34	C	1.35	D
1.36	B	1.37	B	1.38	A	1.39	A	1.40	D
1.41	C								

二、多项选择题

1.42	ABDE	1.43	BCD	1.44	ABDE	1.45	ABE	1.46	CE
1.47	ACE	1.48	BCE	1.49	AD	1.50	ACDE	1.51	ABCD
1.52	ACE	1.53	DE	1.54	ABCD	1.55	BCD	1.56	BCE
1.57	BCE	1.58	ADE	1.59	CDE	1.60	BE	1.61	ACDE
1.62	ABCD	1.63	CDE	1.64	ABCE	1.65	ACD	1.66	AB
1.67	ABCE	1.68	ABDE	1.69	ABDE	1.70	ACD	1.71	DE
1.72	AE								

三、计算题

| 1.73-1 | B | 1.73-2 | C | 1.73-3 | C | 1.73-4 | C | 1.74-1 | B |
| 1.74-2 | D | 1.74-3 | D | 1.74-4 | D |

四、综合分析题

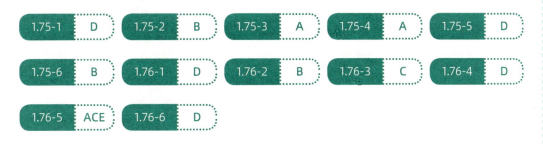

1.75-1	D	1.75-2	B	1.75-3	A	1.75-4	A	1.75-5	D
1.75-6	B	1.76-1	D	1.76-2	B	1.76-3	C	1.76-4	D
1.76-5	ACE	1.76-6	D

一、单项选择题

1.1 斯尔解析 **B** 本题考查居民企业和非居民企业身份的判定。

选项B当选，关于居民企业的认定标准，只要符合"（1）注册地标准；（2）实际管理机构所在地标准"一个即可认定为居民企业。选项ACD不当选，上述两个标准均不满足。

1.2 斯尔解析 **B** 本题考查所得来源地的确定。

选项A不当选，销售货物所得，按照交易活动发生地确定。选项C不当选，特许权使用费所得按照支付、负担所得的企业或者机构、场所所在地或负担、支付所得的个人的住所地确定。选项D不当选，动产转让所得，按照转让动产的企业或者机构、场所所在地确定。

1.3 斯尔解析 **B** 本题考查非居民企业适用的企业所得税税率。

选项B当选，在中国境内未设立机构、场所的或者虽设立机构、场所但取得的所得与其所设机构、场所没有实际联系的非居民企业取得来源于境内的所得适用10%的税率。选项A不当选，与境内机构、场所没有实际联系的境外所得，无需缴纳我国的企业所得税。选项CD不当选，在中国境内设立机构、场所且所得与机构、场所有关联的的非居民企业，适用25%的企业所得税税率。

1.4 斯尔解析 **A** 本题考查特殊销售方式下收入的确认时间。

选项B不当选，销售货物采用预收款方式的，以发出商品的时间确认收入的实现。选项C不当选，销售商品采用支付手续费方式委托代销的，以收到代销清单的时间确认收入的实现。选项D不当选，销售商品需要安装和检验的，在购买方接受商品以及安装和检验完毕时确认收入。如果安装程序比较简单，可在发出商品时确认收入。

提示：委托其他纳税人代销货物，增值税纳税义务发生时间为收到代销清单，或收到全部或部分货款的当天；未收到代销清单及货款的，为发出代销货物满180日的当天。

1.5 斯尔解析 **A** 本题考查特殊劳务收入确认的时间。

选项B不当选，长期为客户提供重复的劳务收取的劳务费，在相关劳务活动发生时确认收入。选项C不当选，为特定客户开发软件的收费，应根据开发的完工进度确认收入。选项D不当选，广告的制作费根据制作广告的完工进度确认收入。

提示：

宣传媒介收费，根据相关的广告或商业行为出现于公众面前时确认收入。

1.6 斯尔解析 **C** 本题考查转让股权收入的确认时间。

选项C当选，企业转让股权收入，应于转让协议生效且完成股权变更手续时，确认收入的实现。

1.7 斯尔解析 **A** 本题考查"买一赠一"方式下各项商品销售收入的确认。

选项A当选，企业以买一赠一等方式组合销售本企业商品的，不属于捐赠，应将总的销售金额按各项商品的"公允价值"所占比例来分摊确认各项商品的销售收入。因此，应确认冰箱收入=60 000÷（60 000+600×20）×60 000=50 000（元）。

选项B不当选，误将总的销售金额按各项商品的"采购成本"所占比例来分摊各项商品的销售收入，即40 000÷（40 000+500×20）×60 000=48 000（元）。

选项C不当选，误将赠送的加湿器做"捐赠"处理，视同销售，即60 000+20×600=72 000（元）。

选项D不当选，误将总的销售金额视为销售冰箱的收入，未在冰箱和加湿器之间进行分摊。

提示：以"买一赠一"等方式组合销售本企业商品，企业所得税与增值税中的规定略有差异，增值税需视同销售，而企业所得税则将总销售金额进行分摊。

1.8 斯尔解析 **D** 本题考查租金收入增值税和企业所得税的纳税义务发生时间。

选项D当选、选项C不当选，在企业所得税中，租金收入，按照合同约定的承租人应付租金的日期确认收入的实现。如果交易合同或协议中规定租赁期限跨年度且租金提前一次性支付的，根据规定的收入与费用配比原则，出租人可对上述已确认的收入，在租赁期内，分期均匀计入相关年度收入（2021年9月至12月，共4个月租金）。

即2021年可确认企业所得税收入=480÷12×4=160（万元）。

选项AB不当选，在增值税中，纳税人提供建筑服务、租赁服务采取预收款方式的，其纳税义务发生时间为收到预收款的当天，所以2021年增值税应确认的计税收入为1 440万元。一定要注意二者之间的辨析。

1.9 斯尔解析 **C** 本题考查政府划入资产的所得税处理。

选项C当选，县级以上政府及其部门以股权投资方式投入企业，作为国家资本金（包括资本公积）处理，该项资产如为非货币性资产，应按政府确定的接收价值确定计税基础。

1.10 斯尔解析 **D** 本题考查股东划入资产的所得税处理。

选项D当选，企业接收股东划入资产，凡合同、协议约定作为资本金（包括资本公积）且在会计上已作实际处理的，不计入企业的收入总额。此题中协议未约定作为资本金处理，应作为收入处理的，按公允价值计入收入总额。

需要注意的是，母公司赠送设备时要视同销售缴纳增值税，增值税＝800×13%=104（万元）。甲公司收到增值税专用发票可以作为进项税额抵扣，此金额也应纳入收入额中。故甲公司接受母公司划入资产应确认的收入金额为800+104=904（万元）。

选项A不当选，未将增值税纳入应税收入中。

选项B不当选，误将该设备的原账面价值作为应税收入。

选项C不当选，误认为该情况属于不计入收入总额的情形。

1.11　【斯尔解析】　D　本题考查企业转让上市公司限售股的企业所得税处理。

选项A不当选，依法院判决、裁定等原因，通过证券登记结算公司，企业将其代持的个人限售股直接变更到实际所有人名下的，不视同转让限售股。

选项B不当选，限售股转让收入扣除"限售股原值"和"合理税费"后的余额为限售股转让所得。

选项C不当选，企业未能提供完整、真实的限售股原值凭证，不能准确计算该限售股原值的，主管税务机关一律按该限售股转让收入的"15%"，核定为该"限售股原值"和"合理税费"。

1.12　【斯尔解析】　B　本题考查非营利组织的免税收入的范围。

非营利组织的下列收入为免税收入：

（1）接受其他单位或者个人捐赠的收入（选项A不当选）；

（2）除财政拨款以外的其他政府补助收入，但不包括因政府购买服务而取得的收入（选项B当选）；

（3）按照省级以上民政、财政部门规定收取的会费（选项C不当选）；

（4）不征税收入和免税收入孳生的银行存款利息收入（选项D不当选）。

1.13　【斯尔解析】　C　本题考查不征税收入的范围及条件。

不征税收入主要包括：

（1）财政拨款（选项C当选）；

（2）依法收取并纳入财政管理的行政事业性收费、政府性基金；

（3）国务院规定的其他不征税收入——专项用途财政性资金；

（4）社保基金取得的直接股权投资收益、股权投资基金收益。

选项A不当选，由国务院财政、税务主管部门规定专项用途并经国务院批准的财政性资金属于不征税收入，"未规定专项用途"不满足该条件。选项B不当选，企业收到的增值税出口退税款不属于财政性资金，不属于不征税收入。选项D不当选，对企业依法收取并上缴财政的政府性基金和行政事业性收费，才准予作为不征税收入，而未上缴财政的部分，不得从收入总额中减除。

1.14　【斯尔解析】　B　本题考查与职工培训相关费用的特殊规定。

选项ACD不当选，核力发电企业为培养核电厂操纵员发生的培养费用，可作为企业的发电成本在税前扣除。航空企业实际发生的飞行员养成费、飞行训练费、乘务训练费、空中保卫员训练费等空勤训练费用，可以作为航空企业运输成本在税前扣除。上述各项都是作为企业成本在税前全额扣除，而不是作为职工教育经费税前扣除。

1.15 斯尔解析 **A** 本题考查准予扣除的"工资、薪金"总额和职工教育经费的扣除限额。

选项A当选，企业接受外部劳务派遣用工所实际发生的费用，应分两种情况按规定在税前扣除：按照协议（合同）约定直接支付给劳务派遣公司的费用，应作为劳务费支出；直接支付给员工个人的费用，应区分工资薪金支出和职工福利费支出。公司生产部门支付给员工个人的劳务费应计入工资薪金，作为计算其他各项费用扣除的依据；而支付给员工食堂员工的劳务费用应计入职工福利费。

职工福利费税前扣除限额=（1 000+6×3 000×12÷10 000）×14%=143.02（万元）<实际发生额200万元，应调增应纳税所得额=200－143.02=56.98（万元）。

提示：支付给食堂员工的工资薪金，在会计上是作为职工福利费核算的。本题中会计上核算的职工福利费200万元，已经包含了支付给食堂员工的工资薪金，故无须重复计入。

选项B不当选，误将支付给员工食堂派遣工的劳务费计入了工资薪金，职工福利费的扣除限额=（1 000+6×3 000×12÷10 000+3×2 000×12÷10 000）×14%=144.03（万元），应调增应纳税所得额=200－144.03=55.97（万元）。

选项C不当选，未考虑派遣工的劳务费可以计入工资薪金的情形，计算的职工福利费的扣除限额=1 000×14%=140（万元），应调增应纳税所得额=200－140=60（万元）。

选项D不当选，审题不仔细，误将1 000万当作包含派遣工劳务费的金额，将支付给员工食堂派遣工的劳务费从1 000万扣除，计算的职工福利费扣除限额=（1 000－3×2 000×12÷10 000）×14%=138.99（万元），应调增应纳税所得额=200－138.99=61.01（万元）。

1.16 斯尔解析 **D** 本题考查上市公司实施股权激励计划的税会差异及职工教育经费税前扣除金额的计算。

选项D当选，本题涉及股权激励的纳税调整及职工教育经费的纳税调整，计算过程如下：

（1）股权激励的纳税调整。

在员工行权时，公司应根据该股票实际行权时的公允价格与行权价的差额及数量，作为当年的工资、薪金支出依法进行税前扣除。2021年行权的股权激励应确认的工资、薪金支出金额=100 000×（50－20）÷10 000=300（万元），会计上确认的费用为180万元，故应纳税所得额调减=300－180=120（万元）。

（2）职工教育经费的纳税调整。

①会计上确认的金额为70万元。

②计算税法可扣除的金额：

2021年税法口径下的工资、薪金支出=现金支付部分+股权激励确认部分=1 000+300=1 300（万元），职工教育经费的扣除限额=1 300×8%=104（万元）。

待扣除金额=本年发生金额+上年结转金额=70+40=110（万元）。

待扣除金额110万元>扣除限额104万元，故应按104万元进行扣除。

③税法可扣除金额104万元>会计确认金额70万元，故应纳税所得额调减34万元。

综上，上述事项应调整应纳税所得额=120+34=154（万元）。

选项A不当选，在计算职工教育经费可扣除限额时，误将会计上确认的股权激励费用作为工资、薪金支出，计算的扣除限额=（1 000+180）×8%=94.4（万元），高于会计实际发生金额70万元，应纳税调减24.4万元。该选项亦未考虑股权激励的纳税调整金额。

选项B不当选，在A选项的基础上考虑了股权激励应纳税所得额调减120万元，即二者合计为调减144.4万元。

选项C不当选，考虑到股权激励应纳税调减120万元，但在计算职工教育经费纳税调整金额时，误将上年结转金额全额纳税调减。

1.17 斯尔解析 **A** 本题考查保险费可以税前扣除的范围。

选项A当选，企业为投资者或者职工支付的商业保险费，不得扣除。选项B不当选，企业按照规定为员工缴纳的"四险一金"，即基本养老保险费、基本医疗保险费、失业保险费、工伤保险费等基本社会保险费和住房公积金，准予扣除。选项C不当选，企业依照国家有关规定为特殊工种职工支付的人身安全保险费准予扣除。选项D不当选，企业参加雇主责任险、公众责任险等责任保险，按照规定缴纳的保险费，准予在企业所得税税前扣除。

提示：

企业职工因公出差乘坐交通工具发生的人身意外保险费支出，准予扣除。

企业为在员工支付的补充养老保险费、补充医疗保险费，分别在不超过职工工资总额5%标准内的部分，准予扣除。超过部分，不得扣除。

企业参加财产保险，按照规定缴纳的保险费，准予扣除。

1.18 斯尔解析 **D** 本题考查广告费和业务宣传费扣除的规定。

选项D当选，企业发生的符合条件的广告费和业务宣传费支出，除国务院财政、税务主管部门另有规定外，不超过当年销售（营业）收入15%的部分，准予扣除；超过部分，准予在以后纳税年度结转扣除。本题广告费扣除限额=4 000×15%=600（万元），本年和以前年度广告费待扣除金额=500+105+55=660（万元），故广告费可以扣除金额为600万元。

选项A不当选，未考虑广告费和业务宣传费当年超限额未抵扣部分可以结转以后年度扣除。

选项B不当选，误认为广告费和业务宣传费只能向以后年度结转3年扣除。

选项C不当选，未考虑广告费和业务宣传费的扣除限额。

提示：化妆品制造与销售、医药制造和饮料制造（不含酒类制造）企业发生的广告费和业务宣传费支出，不超过当年销售（营业）收入30%的部分，准予扣除；超过部分，准予在以后纳税年度结转扣除。

烟草企业的烟草广告费和业务宣传费支出，一律不得在计算应纳税所得额时扣除。

1.19 斯尔解析 **C** 本题考查关联方利息费用扣除的规定。

选项C当选，因为电子公司的税率是15%，母公司的税率是25%，因此得知电子公司的实际税负不高于境内关联方，不需要考虑债资比的限制。该笔借款税前可以扣除的金额为不超过金融机构同期同类贷款利率计算的数额。2021年电子公司企业所得税前可扣除的该笔借款的利息费用=5 000×7%=350（万元）。

选项A不当选，误用约定年利率计算出2年利息作为2021年税前扣除金额，即5 000×10%×2=1 000（万元）。

选项B不当选，误用约定年利率计算出1年利息作为2021年税前扣除金额，即5 000×10%=500（万元）。

选项D不当选，误认为关联方之间的利息支出不得税前扣除。需要注意的是，非银行企业内营业机构之间支付的利息不得税前扣除，而关联企业之间的利息支出可以按照规定扣除。

提示：本题其实从题干信息可以看出考核方向，一是给出了两个公司的税率，二是未给出母公司股权投资金额，因此可以判断出考查的是债资比限制的除外情形。

1.20 **斯尔解析** C 本题考查关联企业借款利息的费用扣除。

选项C当选，关联方之间的借款，要同时考虑两个标准：（1）债资比的限制；（2）利率的限制。本题中乙公司为制造业企业，非金融，其对应的债资比为2:1。甲公司持有乙60%股权，即权益性投资金额=4 000×60%=2 400（万元），其利息支出中可以税前扣除的债权性投资（即借款）限额=2 400×2=4 800（万元）。利率为不超过金融机构同期同类的贷款利率。故可税前扣除的利息费用=4 800×7%×7÷12=196（万元）。

选项A不当选，虽然同时考虑了债资比的限制和利率的限制，但未考虑2021年实际借款期限，其计算过程为：4 800×7%=336（万元）。

选项B不当选，同时考虑了债资比的限制和利率的限制，但2021年借款期限误算成6个月，其计算过程为：4 800×7%×6÷12=168（万元）。

选项D不当选，未考虑债资比的限制或者甲公司对乙公司持股60%的条件，其计算过程：5 000×7%×7÷12=204.17（万元）。

1.21 **斯尔解析** C 本题考查广告费和业务宣传费税前扣除的规定。

选项A不当选，烟草企业的烟草广告费和业务宣传费支出，一律不得在计算应纳税所得额时扣除；酒类制造企业的广告费可以限额在税前扣除，扣除比例是15%。选项B不当选，对医药制造企业发生的广告费和业务宣传费支出，不超过当年销售（营业）收入30%的部分，准予扣除；超过部分，准予在以后纳税年度结转扣除，注意是"医药制造"而不是"医药销售"。选项D不当选，对签订广告费和业务宣传费分摊协议的关联企业，其中一方发生的不超过当年销售（营业）收入税前扣除限额比例内的广告费和业务宣传费支出可以在本企业扣除，也可以将其中的部分或全部按照分摊协议归集至另一方扣除。

提示：选项C的广宣费注意与业务招待费进行区分。企业在筹建期间，发生的与筹办活动有关的业务招待费支出，可按实际发生额的60%计入企业筹办费，并按有关规定在税前扣除。

1.22 **斯尔解析** C 本题考查弥补亏损的规定以及高新技术企业的税率优惠。

选项C当选，自2018年1月1日起，当年具备高新技术企业资格的企业，其具备资格前5个年度发生的尚未弥补完的亏损，弥补期限由5年延长到10年。甲企业2018年取得高新技术企业资格，其2013年至2017年五年的亏损均可弥补10年，所以2015年尚未弥补完的亏损在2021年仍可弥补。高新技术企业适用15%的所得税税率。

综上，2021年的应纳税额=［700-（430-200-50）-100-100-150］×15%=25.5（万元）。

选项A不当选，未考虑高新技术企业在其具备资格前5个年度的亏损可在以后10年内弥补，且未考虑高新技术企业税率优惠，应纳税额=（700-100-100-150）×25%=87.5（万元）。

选项B不当选，未考虑高新技术企业在其具备资格前5个年度的亏损可在以后10年内弥补，应纳税额=（700-100-100-150）×15%=52.5（万元）。

选项D不当选，未考虑高新技术企业的税率优惠，应纳税额=［700-（430-200-50）-100-100-150］×25%=42.5（万元）。

1.23 斯尔解析 A 本题考查可以计提折旧的固定资产的范围。

选项A当选，闲置未用的仓库和办公楼，需要正常计提折旧。

不得计算折旧扣除的固定资产有：

（1）房屋、建筑物以外未投入使用的固定资产；

（2）以经营租赁方式租入的固定资产（选项B不当选）；

（3）以融资租赁方式租出的固定资产；

（4）已足额提取折旧仍继续使用的固定资产（选项D不当选）；

（5）与经营活动无关的固定资产；

（6）单独估价作为固定资产入账的土地（选项C不当选）；

（7）其他不得计算折旧扣除的固定资产。

1.24 斯尔解析 A 本题考查租赁费的扣除和长期待摊费用的扣除规定。

选项A当选，经营租赁方式租入的固定资产，租赁费按照租赁期限均匀扣除，与实际支付费用金额无关，甲公司2021年可以扣除5月至12月共计8个月的费用。租入固定资产的改建支出，自支出发生月份的次月起，按照合同约定的剩余租赁期限分期摊销，甲公司装修费应分摊的期限为34个月（2021年7月1日至2024年4月30日）。故甲公司可以税前扣除的金额=80×8+102÷34×6=658（万元）。

选项B不当选，误将装修费从发生支出的当月开始摊销，计算的税前扣除金额=80×8+102÷34×7=661（万元）。

选项C不当选，未将装修费进行摊销，一次性计入当期费用，计算的税前扣除金额=80×8+102=742（万元）。

选项D不当选，误按照实际支付的租金及装修费一次性计入当期费用，计算的税前扣除金额=960+102=1 062（万元）。

1.25 斯尔解析 A 本题考查企业转让股权所得的计算及股息、红利所得的税收优惠。

选项A当选，具体过程如下：

（1）居民企业直接投资于非上市居民企业取得的股息、红利等权益性投资收益，享受免征企业所得税的政策，故2021年收到的分红款200万元免税。

（2）企业转让股权收入扣除取得该项股权所发生的成本后，为股权转让所得。其中，以支付现金以外的方式取得的股权，股权投资成本为付出资产的公允价值和支付的相关税费。故股权转让所得=1 500-（800+120）=580（万元）。

综上，该项业务2021年应缴纳的企业所得税=（0+580）×25%=145（万元）。

选项B不当选，在计算股权转让所得时，误考虑了被投资企业未分配利润等股东留存收益中按该项股权所可能分配的金额100万元（即1 000×30%-200），认为转让所得中100万元属于股息性质的收入，享受免税优惠。即2021年应缴纳的企业所得税=（0+580−100）×25%=120（万元）。

选项C不当选，误认为甲企业持有乙企业的股权不满12个月，不能享受免税优惠。即2021年应缴纳的企业所得税=（200+580）×25%=195（万元）。

选项D不当选，误用资产的账面价值和支付的相关税费确认股权投资成本。股权转让所得=1 500−（500+120）=880（万元），2021年应缴纳的企业所得税=（0+880）×25%=220（万元）。

提示：

（1）如果直接投资的是上市公司公开发行并上市流通的股票，持有时间需要满足12个月才能享受免税优惠。

（2）企业在计算股权转让所得时，不得扣除被投资企业未分配利润等股东留存收益中按该项股权所可能分配的金额。

1.26　🔆**斯尔解析**　A　本题考查企业撤回投资应纳税额的计算。

选项A当选，投资企业从被投资企业撤回或减少投资，其取得的资产中，相当于初始出资的部分，应确认为投资收回；相当于被投资企业累计未分配利润和累计盈余公积按减少实收资本比例计算的部分，应确认为股息所得；其余部分确认为投资资产转让所得。小斯企业应确认的股息所得=400×40%=160（万元），属于符合条件的居民企业之间的股息、红利等权益性投资收益，享受免税政策。

综上，股权转让所得应纳税额=（1 000−800−160）×25%=10（万元）。

选项B不当选，误将转让收入扣除取得成本后作为应纳税所得额。

选项C不当选，误将确认的股息红利所得减按50%征税，计算的应纳税额=160×50%×25%+（1 000−800−160）×25%=30（万元）。

选项D不当选，误将转让收入全额作为应纳税所得额。

提示：注意与股权转让所得的规定辨析。企业转让股权收入扣除取得该项股权所发生的成本后，为股权转让所得。企业在计算股权转让所得时，不得扣除被投资企业未分配利润等股东留存收益中按该项股权所可能分配的金额。

1.27　🔆**斯尔解析**　A　本题考查资产损失税前扣除政策。

选项A当选，选项BCD不当选，应收账款损失的税前扣除要注意如下条件：

（1）企业逾期3年以上的应收账款在会计上已作为损失处理的，可以作为坏账损失，但应说明情况，并出具专项报告。

（2）企业逾期1年以上，单笔数额不超过5万元或者不超过企业年度收入总额万分之一的应收款项，会计上已经作为损失处理的，可以作为坏账损失，但应说明情况，并出具专项报告。

1.28　🔆**斯尔解析**　A　本题考查债务重组采用特殊性税务处理时非股权支付部分的税务处理。

选项A当选，对于企业重组特殊性税务处理：交易中股权支付的部分，暂不确认有关资产的转让所得或损失；交易中非股权支付部分仍应在交易当期确认相应的资产转让所得或损失，并调整相应资产的计税基础。

（1）非股权支付比例=非股权支付金额÷被转让资产的公允价值=3 600÷（32 400+3 600）×100%=10%。

（2）非股权支付对应的资产转让所得或损失=（公允价值–计税基础）×非股权支付比例=（32 400+3 600–3 000×10）×10%=600（万元），甲企业股权转让所得的应纳税所得额为600万元。

选项B不当选，误将股权支付的部分确认转让所得。

选项C不当选，误以为特殊性税务处理下，交易中无论股权支付的部分还是非股权支付的部分，均不确认所得或损失。

选项D不当选，误将转让的所有股权确认资产转让所得。

1.29 斯尔解析 **A** 本题考查企业重组一般性税务处理方法。

选项A当选，一般性税务处理方法下，分立企业应按公允价值确认接受资产的计税基础。特殊性税务处理方法下，分立企业接受被分立企业资产和负债的计税基础，以被分立企业的原有计税基础确定。

1.30 斯尔解析 **C** 本题考查企业重组的特殊性税务处理方法下亏损弥补限额的计算。

选项C当选，在特殊性税务处理情形下，被合并企业未超过法定弥补期限的亏损额可以结转到合并企业在限额内进行弥补，可由合并企业弥补的被合并企业亏损的限额=被合并企业净资产公允价值×截至合并业务发生当年年末国家发行的最长期限的国债利率=1 200×4.5%=54（万元）。

选项A不当选，一般性税务处理方式下，被合并企业的亏损不得在合并企业结转弥补。而此题中业务符合特殊性税务处理的条件。

选项B不当选，在计算弥补亏损限额时误用了被合并企业净资产账面价值。

选项D不当选，误将被合并企业5年内尚未弥补的全部亏损作为亏损弥补限额。

1.31 斯尔解析 **C** 本题考查企业所得税减半征收的税收优惠。

选项C当选，企业从事下列所得，减半征收企业所得税：

（1）花卉、茶以及其他饮料作物和香料作物的种植；

（2）海水养殖、内陆养殖。

选项ABD不当选，蔬菜、谷物、薯类、油料、豆类、棉花、麻类、糖料、水果、坚果的种植，免征企业所得税。

1.32 斯尔解析 **D** 本题考查符合小型微利企业的条件及应纳税额的计算。

选项D当选，具体过程如下：

（1）对于从事国家非限制和禁止行业，且同时符合年度应纳税所得额不超过300万元、从业人数不超过300人、资产总额不超过5 000万元三项条件的企业，属于小型微利企业。

该商业企业应纳税所得额=5 640–5 400=240（万元），2021年年均职工人数215人，年均资产总额4 500万元，属于小型微利企业。

（2）2021年度对小型微利企业年应纳税所得额不超过100万元的部分，减按12.5%计入应纳税所得额，按20%的税率缴纳企业所得税；对年应纳税所得额超过100万元但不超过300万元的部分，减按50%计入应纳税所得额，按20%的税率缴纳企业所得税。

综上，该企业2021年应缴纳企业所得税=100×12.5%×20%+（5 640－5 400－100）×50%×20%=16.5（万元）。

选项A不当选，误将应纳税所得额不超过100万的部分，减按25%计入应纳税所得额。应缴纳企业所得税=100×25%×20%+（5 640－5 400－100）×50%×20%=19（万元）。

选项B不当选，误将应纳税所得额全部减按50%计入应纳税所得额。应缴纳企业所得税=（5 640－5 400）×50%×20%=24（万元）。

选项C不当选，误将应纳税所得额全部减按50%计入应纳税所得额，且未考虑小型微利企业的税率优惠。应缴纳企业所得税=（5 640－5 400）×50%×25%=30（万元）。

1.33 【斯尔解析】 C 本题考查研发费用加计扣除的税收优惠。

选项C当选，具体过程如下：

（1）计算允许加计扣除的其他相关费用的限额。

允许加计扣除的其他相关费用的限额=可加计扣除的研发费用中除其他相关费用以外的项目之和÷（1－10%）×10%=（5 400－600）÷（1－10%）×10%=533.33（万元）

（2）研发费用加计扣除的金额=（5 400－600+533.33）×75%=4 000（万元）。

（3）当年研发费用可以扣除的金额=5 400+4 000=9 400（万元）。

选项A不当选，未考虑其他相关费用扣除限额的规定，直接用发生金额5 400万元，按照75%的比例计算加计扣除的金额，即当年研发费用可以扣除的金额=5 400+5 400×75%=9 450（万元）。

选项B不当选，未考虑其他相关费用在计算加计扣除的金额时有限额的规定，且按照100%的比例计算加计扣除的金额，即当年研发费用可以扣除的金额=5 400+5 400×100%=10 800（万元）。

选项D不当选，在计算研发费用加计扣除的金额时误用100%的比例，即当年研发费用可以扣除的金额=5 400+（5 400－600+533.33）×100%=10 733.33（万元）。

提示：本题问的是研发费用可以扣除的金额，而非研发费用加计扣除的金额，注意审题。

1.34 【斯尔解析】 C 本题考查境内税额抵免优惠的相关规定。

选项C正确，企业购置并实际使用规定的环境保护、节能节水、安全生产等专用设备的，该专用设备的投资额的10%可以从企业当年的应纳税额中抵免；当年不足抵免的，可以在以后5个纳税年度结转抵免。该企业当年应纳的企业所得税=468×25%－300×10%=87（万元）。

选项A不当选，误将该设备价值一次性税前扣除，当年应纳的企业所得税=（468－300）×25%－300×10%=12（万元）。

选项B不当选，误将该设备价值一次性税前扣除且未考虑专用设备税额抵免的税收优惠，当年应纳的企业所得税=（468－300）×25%=42（万元）。

选项D不当选，误将该专用设备投资额的10%从当年应纳税所得额中进行抵免，而不是抵免应纳税额，当年应纳的企业所得税=（468－300×10%）×25%=109.5（万元）。

1.35 斯尔解析 D 本题考查创投企业的企业所得税优惠政策。

选项D当选，公司制创业投资企业采取股权投资方式直接投资于种子期、初创期科技型企业满2年（24个月，下同）的，可以按照投资额的70%在股权持有满2年的当年抵扣该公司制创业投资企业的应纳税所得额；当年不足抵扣的，可以在以后纳税年度结转抵扣。

截至2021年12月31日，该项股权持有满2年，可享受税收优惠，故2021年应纳税额=（6 500-5 000×70%）×25%=750（万元）。

选项A不当选，未考虑创业投资企业的税收优惠或误认为持有期限不满2年，2021年应纳税额=6 500×25%=1 625（万元）。

选项B不当选，按照投资额的100%抵扣了2021年的应纳税所得额。

选项C不当选，按照投资额的90%抵扣了2021年的应纳税所得额。

1.36 斯尔解析 B 本题考查海南自由贸易港的税收优惠。

选项A不当选，对注册在海南自由贸易港并实质性运营的鼓励类产业企业，减按15%的税率征收企业所得税。选项B当选，选项C不当选，对在海南自由贸易港设立的旅游业、现代服务业、高新技术产业企业新增境外直接投资取得的所得，免征企业所得税。其中新增境外直接投资是指从境外新设分支机构取得的营业利润，或从持股比例超过20%（含）的境外子公司分回的，与新增境外直接投资相对应的股息所得。选项D不当选，对在海南自由贸易港设立的企业，新购置（含自建、自行开发）固定资产（除房屋、建筑物以外的）或无形资产，单位价值不超过500万元（含）的，允许一次性计入当期成本费用在计算应纳税所得额时扣除，不再分年度计算折旧和摊销。单位价值超过500万元的，可以缩短折旧、摊销年限或采用加速折旧、摊销的方法，选项D未说明金额条件。

1.37 斯尔解析 B 本题考查非居民企业应纳税额的计算。

选项B当选，在中国境内未设立机构、场所，但有来源于境内所得的非居民企业，减按10%的税率征收企业所得税；同时，其取得的非专利技术使用权转让收入属于特许权使用费收入，应以收入全额为应纳税所得额。因此该外国公司应缴纳的企业所得税=21.2÷（1+6%）×10%=2（万元）。

选项A不当选，误将转让非专利技术收入减除成本后的差额为应纳税所得额，应缴纳企业所得税=[21.2÷（1+6%）-10]×10%=1（万元）。

选项C不当选，误将转让非专利技术收入减除成本后的差额为应纳税所得额且适用了25%的企业所得税税率，应缴纳的企业所得税=[21.2÷（1+6%）-10]×25%=2.5（万元）。

选项D不当选，误适用了25%的企业所得税税率，应缴纳的企业所得税=21.2÷（1+6%）×25%=5（万元）。

提示：本题属于少数跨税种且需要具备税法（Ⅰ）科目增值税知识的题目，含增值税收入需先进行价税分离，换算为不含增值税收入，不含税收入=含税收入÷（1+增值税税率）。

1.38 斯尔解析 A 本题考查外国企业常驻代表机构经费支出的规定。

选项A当选，选项B不当选，购置固定资产所发生的支出，以及代表机构设立时或者搬迁等原因所发生的装修费支出，应在发生时一次性作为经费支出额换算收入计税。

选项C不当选，发生的交际应酬费，以实际发生数额计入经费支出额。

选项D不当选，以货币形式用于我国境内的公益、救济性质的捐赠不应作为代表机构的经费支出额。

1.39 斯尔解析 **A** 本题考查房地产开发企业计税成本的核算方法。

选项A当选，单独作为过渡性成本对象核算的公共配套设施开发成本，应按建筑面积法进行分配。

选项B不当选，土地成本，一般按占地面积法进行分配。如果确需结合其他方法进行分配，应商税务机关同意。

选项CD不当选，借款费用属于不同成本对象共同负担的，按直接成本法或按预算造价法进行分配。

提示：土地开发同时联结房地产开发的，属于一次性取得土地分期开发房地产的情况，其土地开发成本经商税务机关同意后可先按土地整体预算成本进行分配，待土地整体开发完毕再行调整。

1.40 斯尔解析 **D** 本题考查房地产开发企业预提费用的特殊规定。

选项D当选，企业预提的资产减值损失，不可以在税前扣除。

除以下几项预提（应付）费用外，计税成本均应为实际发生的成本，在税前扣除：

（1）出包工程未最终办理结算而未取得全额发票的，在证明资料充分的前提下，其发票不足金额可以预提，但最高不得超过合同总金额的10%（选项A不当选）；

（2）公共配套设施尚未建造或尚未完工的，可按预算造价合理预提建造费用；

（3）应向政府上缴但尚未上缴的报批报建费用、物业完善费用可以按规定预提（选项BC不当选）。

提示：物业完善费用是指按规定应由企业承担的物业管理基金、公建维修基金或其他专项基金。

1.41 斯尔解析 **C** 本题考查企业所得税的纳税期限。

选项C正确，企业在年度中间终止经营活动的，应当自实际经营终止之日起60日内，向税务机关办理当期企业所得税汇算清缴。

二、多项选择题

1.42 斯尔解析 **ABDE** 本题综合考查不同身份纳税人的纳税义务与所得来源地的确定。

选项AD当选，居民企业来源于中国境内、境外的所得均负有纳税义务。

选项B当选，股息、红利等权益性投资所得，所得来源地为分配所得的企业所在地，即中国。在中国境内未设立机构、场所的非居民企业，就来源于中国境内的所得缴纳我国的企业所得税。

选项C不当选，动产转让所得，所得来源地为转让动产的企业或者机构、场所所在地，即日本。在中国境内未设立机构、场所的非居民企业，仅就来源于中国境内的所得缴纳我国的企业所得税，来源于境外的所得无需缴纳我国的企业所得税。

选项E当选，在中国境内设立机构、场所的非居民企业，所设机构、场所取得的来源于中国境内的所得及发生在中国境外但与其所设机构、场所有实际联系的所得，负有纳税义务。将"该机构机器设备出租"取得的所得属于与所设机构、场所有实际联系的所得，尽管所得来源地为境外（租金所得，所得来源地为负担、支付所得的企业或者机构、场所所在地，故所得来源地为日本），也需要缴纳我国的企业所得税。

1.43 〔斯尔解析〕 **BCD** 本题考查收入确认时间。

选项A不当选，利息、租金、特许权使用费收入，都是以合同约定的付款人应付日期确认收入的实现。对于租金收入，如果租赁期限跨年度，且租金提前一次性支付的，出租人可在租赁期内，分期均匀计入相关年度收入。选项E不当选，采取产品分成方式取得收入的，按照企业分得产品的日期确认收入的实现，而不是合同约定应分得产品的日期。选项BCD均为正确表述。

提示：对于房地产企业以分期收款方式销售开发产品的，以合同约定的收款日期和实际收到的款项日期孰早来确认收入的实现。而对于分期收款销售货物，应按照合同约定的收款日期确认收入。

1.44 〔斯尔解析〕 **ABDE** 本题考查特殊劳务收入的确认时间。

选项A当选，需要注意和广告制作费的区分，广告的制作费，应根据制作广告的完工进度确认收入。选项B当选，艺术表演、招待宴会和其他特殊活动的收费，在相关活动发生时确认收入。收费涉及几项活动的，预收的款项应合理分配给每项活动，分别确认收入。选项C不当选，申请入会或加入会员后，会员在会员期内不再付费就可得到各种服务或商品，或者以低于非会员的价格销售商品或提供服务的，该会员费应在整个受益期内分期确认收入，而非在会员到期时确认收入。选项E当选，安装费应根据安装完工进度确认收入，但是如果安装工作是商品销售附带条件的，该安装费应在确认商品销售实现时确认收入。

1.45 〔斯尔解析〕 **ABE** 本题考查企业所得税视同销售的情形。

选项AB当选，这两种情况资产所有权发生了转移，应视同销售。选项CD不当选，资产所有权属在形式和实质上均不发生改变，属于内部处置资产的情形，无需视同销售。选项E当选，资产转移至境外需要视同销售，而境内总、分支机构之间的资产移送无需视同销售。

1.46 〔斯尔解析〕 **CE** 本题考查收入确认的金额及时间。

选项A不当选，采用售后回购方式销售商品的，销售的商品按售价确认收入，回购的商品作为购进商品处理。有证据表明不符合销售收入确认条件的，如以销售商品方式进行融资，收到的款项应确认为负债，回购价格大于原售价的，差额应在回购期间确认为利息费用。选项B不当选，销售商品以旧换新的，销售商品应当按照销售商品收入确认条件确认收入，回收的商品作为购进商品处理。选项D不当选，现金折扣是债权人为鼓励债务人在规定的期限内付款而向债务人提供的债务扣除，属于债权人的一项融资行为，应当按扣除现金折扣前的金额确定销售商品收入金额，现金折扣在实际发生时作为财务费用扣除。选项E当选，企业已经确认销售收入的售出商品发生销售折让和销售退回，应当在发生当期冲减当期销售商品收入，无需追溯调整实际销售期间的收入。选项C为正确表述。

1.47 🔆斯尔解析 **ACE** 本题考查收入确认时间。

选项ACE当选，企业取得财产（包括各类资产、股权、债权等）转让收入、债务重组收入、接受捐赠收入、无法偿付的应付款收入等，不论是以货币形式、还是非货币形式体现，除另有规定外，均应一次性计入确认收入的年度计算缴纳企业所得税。选项B不当选，在企业所得税中，租金收入，按照合同约定的承租人应付租金的日期确认收入的实现。如果交易合同或协议中规定租赁期限跨年度且租金提前一次性支付的，在租赁期内分期均匀计入相关年度收入。选项D不当选，对于企业受托加工制造大型机械设备、船舶等，持续时间超过12个月的，按照纳税年度内完工进度或者完成的工作量确认收入的实现。

1.48 🔆斯尔解析 **BCE** 本题考查非货币资产投资的企业所得税处理。

选项A不当选，选项B当选，居民企业以非货币性资产直接对外投资，应以公允价值扣除计税基础后的余额确认非货币性资产转让所得，并且可在不超过5年期限内，分期均匀计入相应年度的应纳税所得额。故2021年应确认应纳税所得额=（800–500）÷5=60（万元）。

选项C当选，企业在对外投资5年内转让股权的，应停止递延纳税，并就递延期内尚未确认的非货币性资产转让所得，在转让股权当年的企业所得税年度汇算清缴时，一次性计算缴纳企业所得税，故2022年应确认的非货币性资产转让所得=（800–500）–60=240（万元）；同时，甲企业取得乙企业股权的计税基础=非货币性资产的原计税成本+每年确认的资产转让所得=500+60+240=800（万元），转让股权应确认股权转让所得=股权转让收入–计税基础=900–800=100（万元），综上2022年甲企业应确认非货币性资产转让所得和股权转让所得共340（240+100）万元。

选项D不当选，2021年甲企业取得乙企业股权的计税基础=非货币性资产的原计税成本+2021年确认的资产转让所得=500+60=560（万元）。

选项E当选，乙企业取得甲企业非货币性资产的计税基础应按非货币性资产的公允价值800万元确定。

1.49 🔆斯尔解析 **AD** 本题考查企业的应税收入及不征税收入的范围。

选项AD当选，企业取得的各类财政性资金，除属于国家投资和资金使用后要求归还本金的以外，均应计入当年收入总额。选项BC不当选，无法偿付的应付款项和企业资产的溢余收入，属于其他收入，需要计入企业收入总额。选项E不当选，增值税即征即退退税款属于财政性资金，应计入企业收入总额。

1.50 🔆斯尔解析 **ACDE** 本题考查永续债的企业所得税政策。

符合规定条件的永续债，指符合下列条件中5条（含）以上的永续债：

（1）被投资企业对该项投资具有还本义务；

（2）有明确约定的利率和付息频率（选项A当选）；

（3）有一定的投资期限（选项D当选）；

（4）投资方对被投资企业净资产不拥有所有权；

（5）投资方不参与被投资企业日常生产经营活动（选项B不当选）；

（6）被投资企业可以赎回，或满足特定条件后可以赎回（选项E当选）；

（7）被投资企业将该项投资计入负债；

（8）该项投资不承担被投资企业股东同等的经营风险；

（9）该项投资的清偿顺序位于被投资企业股东持有的股份之前（选项C当选）。

1.51　斯尔解析　**ABCD**　本题考查计算业务招待费扣除限额的基数及扣除比例。

选项ABC当选，均为正确表述。选项D当选，可以税前扣除的业务招待费，必须同时满足两个限额：①当年销售（营业）收入的5‰；②实际发生额的60%。税前可扣除金额既然同时满足这两个限额，必然也不高于其中任何一个限额。选项E不当选，计算业务招待费税前扣除限额的基数（销售或营业收入）包括主营业务收入、其他业务收入、视同销售收入，不包括营业外收入。

1.52　斯尔解析　**ACE**　本题综合考查可以税前扣除的范围。

选项A当选，集成电路设计企业和符合条件软件企业的职工培训费用，单独进行核算并按实际发生额在计算应纳税所得额时扣除。选项B不当选，除委托个人代理外，企业以现金等非转账方式支付的手续费及佣金不得在税前扣除。选项C当选，企业正常生产经营过程中支付的违约金、诉讼费可以据实税前扣除；因违反国家有关法律、法规规定，被有关部门处以的罚款、罚金和被没收的财物损失，不得税前扣除。选项D不当选，非广告性赞助支出，不得在企业所得税税前扣除。选项E当选，需要注意公益性捐赠支出和目标脱贫地区捐赠支出的区别。企业通过规定的组织或部门发生的公益性捐赠支出，不超过年度利润总额12%的部分，准予扣除；超过年度利润总额12%的部分，准予以后3年内在计算应纳税所得额时结转扣除。而企业通过规定的组织或部门发生的用于目标脱贫地区的扶贫捐赠支出，准予在计算企业所得税应纳税所得额时据实扣除。

1.53　斯尔解析　**DE**　本题综合考查可以税前扣除的范围。

企业之间支付的管理费（选项A不当选）、企业内营业机构之间支付的租金和特许权使用费（选项C不当选），以及非银行企业内营业机构之间支付的利息，不得扣除。选项B不当选，企业"直接"对贫困生捐赠支出，不得税前扣除。选项DE均为正确表述，当选。

1.54　斯尔解析　**ABCD**　本题考查允许扣除的各项费用超限额部分的规定。

选项ABCD当选，对于职工教育经费、广告费和业务宣传支出、公益性捐赠支出，超过税法规定扣除限额标准，准予向以后年度结转扣除。公益性捐赠支出结转3年扣除，而职工教育经费、广告费和业务宣传费没有结转年限的限制。选项E不当选，职工福利费准予扣除的限额是工资薪金总额14%，超过部分不得扣除。

1.55　斯尔解析　**BCD**　本题考查长期待摊费用的范围。

企业发生的下列支出作为长期待摊费用，按照规定摊销的，准予扣除。

（1）已足额提取折旧的固定资产的改建支出（选项D当选）；

（2）租入固定资产的改建支出（选项B当选）；

（3）固定资产的大修理支出（选项C当选）；

（4）其他应当作为长期待摊费用的支出。

选项A不当选，以融资租赁方式租入固定资产发生的租赁费支出，按照规定构成融资租入固定资产价值的部分应当提取折旧费用，分期扣除。选项E不当选，如果属于提升功能、增加面积的，该固定资产的改扩建支出，并入该固定资产计税基础，并从改扩建完工投入使用后的次月起，重新按税法规定的该固定资产折旧年限计提折旧。

1.56 🔍斯尔解析　**BCE**　本题考查无形资产的计税基础及摊销税前扣除的规定。

选项A不当选，外购的无形资产，以购买价款和支付的相关税费以及直接归属于使该资产达到预定用途发生的其他支出作为计税基础。选项D不当选，通过捐赠、投资、非货币性资产交换、债务重组等方式取得的无形资产，以该资产的公允价值和支付的相关税费为计税基础。选项BCE均为正确表述，当选。

提示：企业外购的软件，凡符合条件的，其折旧或摊销年限可以适当缩短，最短可为2年（含）。

1.57 🔍斯尔解析　**BCE**　本题考查资产损失申报方式的适用情形。

下列资产损失，应以清单申报的方式向税务机关申报扣除：

（1）企业在正常经营管理活动中，按照公允价格销售、转让、变卖非货币资产的损失；

（2）企业各项存货发生的正常损耗；

（3）企业固定资产达到或超过使用年限而正常报废清理的损失（选项A不当选）；

（4）企业生产性生物资产达到或超过使用年限而正常死亡发生的资产损失；

（5）企业按照市场公平交易原则，通过各种交易场所、市场等买卖债券、股票、期货、基金以及金融衍生产品等发生的损失；

（6）商业零售企业存货因零星失窃、报废、废弃、过期、破损、腐败、鼠咬、顾客退换货等正常因素形成的损失（选项D不当选）。

除上述以外的资产损失，应以专项申报的方式向税务机关申报扣除。

提示：

做题时可以抓住关键信息和关键词做判断。清单申报强调"正常经营活动"中发生的"正常损失/损耗"；专项申报一般强调"非正常经营活动"。需要注意以下内容：

（1）商业零售企业存货因风、火、雷、震等自然灾害，仓储、运输失事，重大案件等非正常因素形成的损失，为存货非正常损失，应采取专项申报的方式。

（2）存货单笔（单项）损失超过500万元的，无论何种因素形成的，均应以专项申报方式进行企业所得税纳税申报。

1.58 🔍斯尔解析　**ADE**　本题考查金融企业准予税前提取贷款损失准备金的贷款范围。

选项ADE当选，准予税前提取贷款损失准备金的贷款资产范围包括：抵押贷款、质押贷款和担保贷款；银行卡透支、贴现、信用垫款（含银行承兑汇票垫款、信用证垫款、担保垫款等）、进出口押汇、同业拆出、应收融资租赁款等各项具有贷款特征的风险资产；由金融企业转贷并承担对外还款责任的国外贷款。

选项BC不当选，金融企业的委托贷款、代理贷款、国债投资、应收股利、上交央行准备金以及金融企业剥离的债权和股权、应收财政贴息、央行款项等不承担风险和损失的资产，不得税前提取贷款损失准备金。

1.59 斯尔解析 **CDE** 本题考查特殊性税务处理的规定。

对100%直接控制的居民企业之间按照账面净值划转股权或资产，可以选择按以下规定进行特殊性税务处理：

（1）划出方企业和划入方企业均不确认所得（选项CE当选）。

（2）划入方企业取得被划转股权或资产的计税基础，以被划转股权或资产的原账面净值确定（选项D当选）。

（3）划入方企业取得的被划转资产，应按其原账面净值计算折旧扣除。

提示：按账面"净值"而非"原值"。

1.60 斯尔解析 **BE** 本题考查企业所得税免税、减半征收等税收优惠。

国债利息收入免税，选项E当选；但转让国债所得不免税，选项A不当选。选项B当选，非营利组织免税收入孳生的银行存款利息免征企业所得税。选项C不当选，国际金融组织向中国政府和居民企业提供"优惠贷款"取得的利息所得免征企业所得税，而不是"一般贷款"。选项D不当选，企业种植观赏性植物减半征收企业所得税。

1.61 斯尔解析 **ACDE** 本题考查企业所得税免税的税收优惠。

选项A当选，企业取得的饲养牲畜、家禽产生的分泌物、排泄物所得，按"牲畜、家禽的饲养"项目享受免征企业所得税优惠。选项B不当选，选项D当选，企业根据委托合同，受托对规定范围内的农产品进行初加工服务收取的加工费，按照农产品初加工的免税项目处理；企业对外购茶叶进行筛选、分装、包装后进行销售的所得，不享受农产品初加工的优惠政策。选项C当选，灌溉、农产品初加工、兽医、农技推广、农机作业和维修等农、林、牧、渔服务业项目所得免征企业所得税。选项E当选，企业委托其他企业或个人从事符合规定的农、林、牧、渔业项目取得的收入，享受相应的税收优惠政策。

1.62 斯尔解析 **ABCD** 本题考查企业所得税"三免三减半"的税收优惠。

可以享受企业所得税"三免三减半"优惠政策的有：

（1）国家重点扶持的公共基础设施项目（选项C当选）；

（2）电网企业电网新建项目；

（3）符合条件的环境保护、节能节水项目（选项BD当选）；

（4）节能服务公司实施的合同能源管理项目（选项A当选）。

选项E不当选，资源综合利用减按90%计入收入总额。

1.63 斯尔解析 **CDE** 本题考查固定资产加速折旧的相关规定。

选项A不当选，企业在2018年1月1日至2023年12月31日期间新购进的设备、器具，单位价值不超过500万元的，允许一次性计入当期成本费用在计算应纳税所得额时扣除，不再分年度计算折旧。选项B不当选，固定资产在投入使用月份的"次月"所属年度一次性税前扣除，而不是"当月"。选项C当选，采取缩短折旧年限方法的，最低折旧年限不得低于规定折旧年限的60%。选项DE当选，中小微企业在2022年1月1日至2022年12月31日期间新购置的设备、器具，单位价值在500万元以上的，税法规定最低折旧年限为3年的设备器具，单位价值的100%可在当年一次性税前扣除；最低折旧年限为4年、5年、10年的，单位价值的50%可在当年一次性税前扣除，其余50%按规定在剩余年度计算折旧进行税前扣除。税法规定电子设备的最低折旧年限为3年，故可全额一次性税前扣除。税法规定大型机器设备的最低折旧年限为10年，故其价值的50%可选择在当年一次性扣除。

提 示：

固定资产加速折旧政策的适用范围，不包括购入的房屋、建筑物。

1.64　　 斯尔解析　　ABCE　本题考查技术转让所得税收优惠的适用范围。

选项D不当选，居民企业从直接或间接持有股权之和达到100%的关联方取得的技术转让所得，不享受技术转让减免企业所得税优惠政策。选项ABCE当选，技术转让的范围，包括居民企业转让专利技术、计算机软件著作权、集成电路布图设计权、植物新品种、生物医药新品种的所有权、5年以上（含）全球独占许可使用权、5年（含）以上的非独占许可使用权。

1.65　　 斯尔解析　　ACD　本题考查非居民企业的税收优惠。

在境内未设立机构、场所，或虽设立机构、场所，但取得的所得与其所设机构、场所没有实际联系的非居民企业，取得的下列所得免征企业所得税：

（1）外国政府向中国政府提供贷款取得的利息所得（选项C当选）；

（2）国际金融组织向中国政府和居民企业提供优惠贷款取得的利息所得（选项AD当选）；

（3）经国务院批准的其他所得。

1.66　　 斯尔解析　　AB　本题考查沪港通、深港通股票市场交易互联互通机制试点有关税收政策。

（1）内地企业投资者通过沪港通、深港通投资香港上市股票：

①取得的转让差价所得，计入其收入总额，依法征收企业所得税（选项A当选）；

②取得的股息红利所得，计入其收入总额，依法计征企业所得税。其中，内地居民企业连续持有H股满12个月取得的股息红利所得，依法免征企业所得税（选项B当选）。

（2）香港市场投资者通过沪港通投资上海证券交易所上市A股：

①取得的转让差价所得，暂免征收所得税（选项D不当选）；

②取得的股息、红利所得，由上市公司按照10%的税率代扣所得税（选项E不当选）。

1.67　　 斯尔解析　　ABCE　本题考查居民企业可以核定征收企业所得税的情形。

特殊行业、特殊类型的纳税人和一定规模以上的纳税人不适用核定征收，包括：

（1）汇总纳税企业；

（2）上市公司（选项B当选）；

（3）银行、信用社、小额贷款公司（选项A当选）、保险公司、证券公司、担保公司（选项C当选）、财务公司、典当公司等；

（4）会计、审计、资产评估、税务、房地产估价等中介机构；

（5）享受企业所得税优惠政策的企业（不包括仅享受免税收入的企业、符合条件的小型微利企业）；

（6）专门从事股权（股票）投资业务的企业（选项E当选）。

选项D不当选，进口代理公司，可以核定征收企业所得税。

1.68 斯尔解析　　ABDE　本题考查特殊情形的企业所得税税务处理。

选项A当选，企业购买的文物、艺术品用于收藏、展示、保值增值的，作为投资资产进行税务处理；文物、艺术品资产在持有期间，计提的折旧、摊销费用，不得税前扣除。选项B当选，企业所得税核定征收改为查账征收后,企业能够提供资产购置发票的，以发票载明金额为该资产的计税基础；不能提供资产购置发票的，可以凭购置资产的合同（协议）、资金支付证明、会计核算资料等记载金额，作为计税基础。选项C不当选，境外投资者在境内从事混合性投资业务,满足特定条件的，对于被投资企业支付的利息，可以作为利息支出按规定税前扣除。选项D当选，企业按照市场价格销售货物、提供劳务服务等，凡由政府财政部门根据企业销售货物、提供劳务服务的数量、金额的一定比例给予全部或部分资金支付的，应当按照权责发生制原则确认收入；除上述情形外，企业取得的各种政府财政支付，如财政补贴、补助、补偿、退税等，应当按照实际取得收入的时间确认收入。选项E当选，购买方企业可转换债券转换为股票时，将应收未收利息一并转为股票的，该应收未收利息即使会计上未确认收入，税收上也应当作为当期利息收入申报纳税；转换后以该债券购买价、应收未收利息和支付的相关税费为该股票投资成本。

1.69 斯尔解析　　ABDE　本题考查房地产企业开发成本、费用的所得税处理。

选项C不当选，企业支付给境外销售机构的销售费用不超过委托销售收入10%的部分准予据实扣除。

1.70 斯尔解析　　ACD　本题考查分机构分摊税款需考虑的因素。

选项ACD当选，总机构应按照上年度分支机构的营业收入、职工薪酬和资产总额三个因素计算各分支机构分摊所得税款的比例，三因素的权重依次为0.35、0.35、0.30。

1.71 斯尔解析　　DE　本题考查政策性搬迁资产的税务处理。

选项A不当选，外购的固定资产，以购买价款和支付的相关税费以及直接归属于使该资产达到预定用途发生的其他支出为计税基础。选项B不当选，企业搬迁中被征用的土地，采取土地置换的，换入土地的计税成本按被征用土地的净值以及该换入土地投入使用前所发生的各项费用支出，为该换入土地的计税成本。选项C不当选，企业由于搬迁处置存货而取得的收入，应按正常经营活动取得的收入进行所得税处理，不作为企业搬迁收入。

1.72 斯尔解析　　AE　本题考查研发活动的范围及加计扣除的优惠政策。

选项A当选，自2021年1月1日起，制造业企业自行开展研发活动发生的研发费用，未形成无形资产计入当期损益的，可以按照实际发生额的100%在税前加计扣除。

选项B不当选，研发活动，指企业为获得科学与技术新知识，创造性运用科学技术新知识，或实质性改进技术、产品（服务）、工艺而持续进行的具有明确目标的系统性活动；不包括对企业产品（服务）的常规性升级，故选项B不能享受加计扣除的优惠。

选项C不当选，高新技术企业自行研发产品的费用，未形成无形资产计入当期损益的，可以按照实际发生额的75%在税前加计扣除。

选项D不当选，委托境内外部机构/个人进行研发，委托方按照费用实际发生额的80%加计扣除。

选项E当选，自2022年1月1日起，科技型中小企业自行开展研发活动发生的研发费用，未形成无形资产计入当期损益的，可以按照实际发生额的100%在税前加计扣除。

三、计算题

1.73-1 🔅斯尔解析　　B　本小问考查非居民企业应纳税所得额的确定。

（1）股息、红利等权益性投资收益和利息、租金、特许权使用费所得，以收入全额为应纳税所得额；

（2）转让财产所得，以收入全额减除财产净值后的余额为应纳税所得额（选项B当选）；

（3）其他所得，参照前两项规定的方法计算应纳税所得额。

1.73-2 🔅斯尔解析　　C　本小问考查非居民企业劳务收入的核定比例。

非居民企业与中国居民企业签订机器设备或货物销售合同，同时提供设备安装、装配、技术培训、指导、监督服务等劳务，未单独列明上述劳务的金额并且无参照标准的，以不低于销售货物合同总价款的10%为原则，确认非居民企业的劳务收入，所以税务机关应该核定的劳务收入=400×10%=40（万元），选项C当选。

1.73-3 🔅斯尔解析　　C　本小问考查非居民企业所得税核定征收的计算。

应纳税所得额=收入总额×核定利润率=40×30%=12（万元），非居民企业适用税率为10%，所以按照核定征收的方式应纳企业所得税=12×10%=1.2（万元），选项C当选。

提示：注意区分"应纳税所得额"与"应纳企业所得税"，应纳所得税额=应纳税所得额×适用税率。

1.73-4 🔅斯尔解析　　C　本小问考查源泉扣缴制度。

选项A不当选，扣缴义务人乙企业应当自合同签订之日起30日内向其主管税务机关申报办理扣缴税款登记。选项B不当选，乙企业代扣代缴的税款应当自代扣之日起7日内缴入国库。选项C当选，扣缴义务人未依法扣缴的，非居民企业甲应到所得发生地主管税务机关申报缴纳企业所得税。选项D不当选，纳税人未依法缴纳的，税务机关可以从该纳税人在中国境内其他收入项目的支付人应付的款项中，追缴该纳税人的应纳税款。

1.74-1 🔅斯尔解析　　B　本小问考查视同买断方式委托代销开发产品收入的确认及视同销售收入的确认。

（1）采取视同买断方式委托销售开发产品的，属于由开发企业与购买方签订销售合同或协议，或开发企业、受托方、购买方三方共同签订销售合同或协议的，则应比较销售合同或协议中约定的价格与买断价格，遵循从高原则，于收到受托方已销开发产品清单之日确认收入的实现。公司、受托方、购买方三方共同签订销售合同对应的不含税收入16 800万元>买断价

=12 000×70%×1.9=15 960（万元），故委托代销确认的收入为16 800万元。

（2）公司将写字楼10%用于抵偿债务，应视同销售，于开发产品所有权或使用权转移，或于实际取得利益权利时确认收入（或利润）的实现，故抵债部分应确认的收入为16 800÷70%×10%=2 400（万元）。

（3）取得地下车位临时停车费不含税收入18万元。

综上，该公司2021年企业所得税应税收入=16 800+2 400+18=19 218（万元），选项B当选。

选项A不当选，误以买断价格=12 000×70%×1.9=15 960（万元），确认委托代销部分的收入，并以此计算视同销售部分收入，应税收入=15 960+15 960÷70%×10%+18=18 258（万元）。

选项C不当选，遗漏了条件（5）中临时停车位收入。

选项D不当选，未计算抵债部分的视同销售收入。

1.74-2 🔍 斯尔解析　D　本小问考查土地成本可以扣除的范围。

选项D当选，企业为取得土地开发使用权（或开发权）而发生的各项费用，主要包括土地买价或出让金、大市政配套费、契税、拆迁补偿支出、耕地占用税等均可作为土地成本扣除。需要注意的是，土地成本要根据已销产品比例进行配比后扣除。

该公司2021年企业所得税前应扣除的土地成本（含契税）=（4 000+350+250+184）×80%=3 827.2（万元）。

选项A不当选，未考虑已销产品的比例，将办公自用部分对应的土地成本也进行了扣除。

选项B不当选，未将市政配套费包含在土地成本中，计算出可以扣除的土地成本=（4 000+250+184）×80%=3 547.2（万元）。

选项C不当选，未考虑视同销售部分对应的土地成本，计算出可以扣除的土地成本=（4 000+350+250+184）×70%=3 348.8（万元）。

1.74-3 🔍 斯尔解析　D　本小问考查开发产品计税成本的扣除范围。

选项D当选，该公司2021年企业所得税前应扣除土地成本以外的开发成本=（6 800+400）×80%=5 760（万元）。

选项A不当选，未考虑已销产品的比例，将办公自用部分对应的土地成本也进行了扣除。

选项B不当选，将市政配套费作为"基础设施建设费"计入除土地成本以外的开发成本，计算过程为：（6 800+400+350）×80%=6 040（万元）。

选项C不当选，未考虑视同销售部分对应的土地成本，计算过程为：（6 800+400）×70%=5 040（万元）。

1.74-4 🔍 斯尔解析　D　本小问考查房地产企业应纳企业所得税的计算。

选项D当选，该公司2021年应缴纳企业所得税=（19 218-3 827.2-5 760-1 500-2 100）×25%=1 507.7（万元）。

选项A不当选，误将期间费用、税金及附加也按照已销产品比例进行配比后扣除，计算过程为：（19 218-3 827.2-5 760-1 500×80%-2 100×80%）×25%=1 687.7（万元）。

选项B不当选，在计算开发产品的计税成本时，未考虑已销产品的比例，计算过程为：（19 218-4 784-7 200-1 500-2 100）×25%=908.5（万元）。

选项C不当选，在计算开发产品的计税成本时，未考虑视同销售部分对应的成本，计算过程为：（19 218-3 384.8-5 040-1 500-2 100）×25%=1 798.3（万元）。

四、综合分析题

1.75-1 斯尔解析　**D**　本小问考查固定资产一次性扣除税收优惠及符合条件的技术转让税收优惠。

选项AB不当选，单位价值不超过500万元的设备、器具，允许一次性计入当期成本费用在计算应纳税所得额时扣除。本题中的设备价值超过了500万元，仍按照固定资产正常提取折旧，新购入设备应在投入使用后的次月开始计提折旧，故12月份投入使用的设备会计处理及税务处理均应在2021年，因此购入新设备的行为无需调整应纳税所得额。

选项C不当选，选项D当选，符合条件的可以享受企业所得税优惠的技术转让，包括居民企业转让专利技术、计算机软件著作权、集成电路布图设计权、植物新品种、生物医药新品种、5年以上（含5年）非独占许可使用权等。每一纳税年度内技术转让所得不超过500万元的部分，免征企业所得税；超过500万元的部分，减半征收企业所得税。故转让非独占许可使用权应调减应纳税所得额=500+（700-100-500）×50%=550（万元）。

1.75-2 斯尔解析　**B**　本小问考查研发费用和业务招待费的扣除规定。

（1）2021年发生的研究开发费用应加计扣除100%，故应调减应纳税所得额=300×100%=300（万元）。

（2）业务招待费需计算两个限额，二者取其低：

业务招待费限额1=（8 000+700）×5‰=43.5（万元）

业务招待费限额2=80×60%=48（万元）

故应按43.5万元扣除，业务招待费应调增应纳税所得额=80-43.5=36.5（万元）

综上，研究开发费用和业务招待费应调减应纳税所得额=300-36.5=263.5（万元），选项B当选。

选项A不当选，误将研发费用按照75%加计扣除。

选项C不当选，在计算业务招待费扣除限额时未考虑收入总额5‰的限制。

选项D不当选，误将研发费用按照75%加计扣除且在计算业务招待费扣除限额时未考虑收入总额5‰的限制。

1.75-3 斯尔解析　**A**　本小问考查广告费和业务宣传费的扣除限额和地方政府债券利息免税的规定。

（1）制造业广告费和业务宣传费的扣除限额=（8 000+700）×15%=1 305（万元），实际发生额=1 200+300=1 500（万元），即应调增应纳税所得额=1 500-1 305=195（万元）。

（2）投资收益中的地方政府债券利息收入免税，企业债券利息收入应正常纳税，即应调减应纳税所得额150万元。

综上，广告费和业务宣传费、投资收益应调增应纳税所得额=195-150=45（万元），选项A当选。

选项B不当选，在计算广告费和业务宣传费的扣除限额时，误以为广告费、业务宣传费的扣除限额分别是不超过销售收入的15%。

选项C不当选，在计算广告费和业务宣传费的扣除限额时，误以为广告费、业务宣传费的扣除限额分别是不超过销售收入的15%。同时，误以为企业债券利息收入免税。

选项D不当选，误以为企业债券的利息收入免税。

提示：对企业取得的2009年及以后年度发行的地方政府债券利息所得，免征企业所得税。

1.75-4 🔖斯尔解析 **A** 本小问考查工资薪金的范围、残疾人工资加计扣除的税收优惠及"三项经费"扣除限额的规定。

（1）企业因雇用季节工、临时工、实习生、返聘离退休人员所实际发生的费用，应区分工资薪金支出和职工福利费支出，本题中生产线临时工工资属于"工资、薪金"支出，无需从工资总额中扣除。

（2）企业因接收学生实习发生的职工教育经费支出，依法在计算应纳税所得额时扣除，故实习生培训费无需全额作纳税调增。

（3）企业安置残疾人的，支付给残疾职工工资可以100%加计扣除，应调减应纳税所得额50万元。

（4）工会经费扣除限额=400×2%=8（万元），应调增应纳税所得额=18-8=10（万元）。

职工福利费扣除限额=400×14%=56（万元），应调增应纳税所得额=120-56=64（万元）。

职工教育经费扣除限额=400×8%=32（万元），应调增应纳税所得额=33-32=1（万元）。

综上，工资、职工福利费、工会经费、职工教育经费合计应调增应纳税所得额=-50+10+64+1=25（万元），选项A当选。

选项B不当选，未考虑残疾人工资100%加计扣除的税收优惠。

选项C不当选，未将临时工工资纳入工资薪金总额，且未考虑残疾人工资100%加计扣除的税收优惠。

选项D不当选，未将临时工工资纳入工资薪金总额。

1.75-5 🔖斯尔解析 **D** 本小问考查不可扣除项目及捐赠支出税前扣除的规定。

（1）会计利润总额=8 000-5 000+700-100-800-1 800-200+330-130-200=800（万元）。

（2）违约金可以税前扣除，故无需纳税调整。

公益性捐赠支出，不超过年度利润总额的12%部分，准予税前扣除；企业通过特定组织或部门用于目标脱贫地区的支出，可以据实扣除。

（3）公益性捐赠支出扣除限额=800×12%=96（万元），本题中用于目标脱贫地区的30万元支出可以据实扣除，公益性捐赠支出=120-30=90万元＜扣除限额96万元，可以全部扣除，故无需纳税调整。

综上，业务（9）应调整的应纳税所得额为0，选项D当选。

选项A不当选，误将违约金作为不可税前扣除项目。

选项B不当选，未考虑用于目标脱贫地区的支出可以据实扣除，将全部捐赠支出与限额进行比较。

选项C不当选，误将违约金作为不可税前扣除项目，且未考虑用于目标脱贫地区的支出可以据实扣除。

提示：

（1）"违约金"可以税前扣除，"罚金、罚款、滞纳金"不可税前扣除。

（2）工资总额400万元已计入"成本、费用"，勿重复扣减。

1.75-6 〔斯尔解析〕 **B** 本小问考查企业所得税应纳税额的计算。

企业所得税的应纳税所得额=800−550−263.5+45+25=56.5（万元），应缴纳的企业所得税税额=56.5×25%=14.13（万元），选项B当选。

1.76-1 〔斯尔解析〕 **D** 本小问考查上市公司股权激励支出税前扣除的规定及符合条件的技术转让税收优惠。

选项D当选，股权激励计划实行后，需待一定服务年限或者达到规定业绩条件（以下简称等待期）方可行权的，上市公司等待期内会计上计算确认的相关成本费用，不得在对应年度计算缴纳企业所得税时扣除，故会计上确认的100万元的成本费用应纳税调增。

一个纳税年度内，居民企业转让技术所有权所得不超过500万元的部分，免征企业所得税；超过500万元的部分，减半征收。故专利技术转让应纳税调减金额=500+（1 000−300−500）×50%=600（万元）。

综上，资料（1）应纳税调减500万元。

选项A不当选，未考虑股权激励等待期内确认的成本费用不能税前扣除且误认为符合条件的专利技术转让所得全部免税。

选项B不当选，误认为符合条件的专利技术"转让收入"不超过500万的部分免税，超过500万元的部分减半征收，计算的专利技术转让应纳税调减金额=500+（1 000−500）×50%=750（万元），同时考虑到股权激励应纳税调增100万元，总共应调减650万元。

选项C不当选，未考虑股权激励应纳税调增100万元。

1.76-2 〔斯尔解析〕 **B** 本小问考查国债利息收入免税的规定及存在固定资产一次性扣除税收优惠时税会差额的调整。

资料（2）转让国债取得的收益正常纳税，而国债利息属于免税收入，应调减应纳税所得额20万元。

资料（3）会计核算按照预计净残值率5%、使用期限5年计提折旧，截至当年末累计折旧=400×（1−5%）÷5×6÷12=38（万元），年末计提折旧后的会计账面净值=400−38=362（万元）。税法口径原值400万元允许一次性扣除进行调减，但同时也需要将会计口径已经计提的折旧38万元调增，所以应纳税调减的净值为计提折旧后的账面净值362万元。

综上，合计应调减应纳税所得额=20+362=382（万元），选项B当选。

选项A不当选，考了资料（3）中会计口径已经计提的折旧需要纳税调增，但未考虑持有期间尚未兑现的国债利息也属于免税收入。

选项C不当选，考虑了持有期间尚未兑现的国债利息收入免税收入但未考虑资料

（3）中会计口径已经计提的折旧需要纳税调增。

选项D不当选，既未考虑持有期间尚未兑现的国债利息收入免税收入，也未考虑会计口径已经计提的折旧需要纳税调增。

1.76-3 斯尔解析　C　本小问考查广告费和业务宣传费、业务招待费限额扣除的规定。

本题为饮料生产企业，广告费和业务宣传费扣除的比例为30%。

（1）资料（4）广告费和业务宣传费的扣除限额=80 000×30%=24 000（万元），用于冠名真人秀的300万元未在汇算清缴结束前尚未取得相关发票，所以无法在税前扣除；取得扣税凭证的实际发生的广告费和业务宣传费7 000万元未超过扣除限额，无须调整。

故广告费和业务宣传费应调增应纳税所得额300万元。

（2）资料（6）业务招待费扣除限额①=80 000×5‰=400（万元），

业务招待费扣除限额②=800×60%=480（万元），应按两者中较低的400万作为扣除限额。

故业务招待费应调增应纳税所得额=800–400=400（万元）。

综上，合计应调增应纳税所得额=300+400=700（万元），选项C当选。

选项A不当选，未考虑业务招待费应纳税调整的金额。

选项B不当选，未考虑广告费和业务宣传费应纳税调整的金额。

选项D不当选，误将业务招待费扣除限额①作为应纳税调整的金额。

1.76-4 斯尔解析　D　本小问考查"三项经费"扣除限额的规定。

（1）职工福利费扣除限额=6 000×14%=840（万元），实际发生的职工福利费为900万元，超过扣除限额，故调增应纳税所得额=900–840=60（万元）。

（2）职工教育经费扣除限额=6 000×8%=480（万元），实际发生的职工教育经费为520万元，超过扣除限额，故调增应纳税所得额=520–480=40（万元）。

（3）工会经费扣除限额=6 000×2%=120（万元），取得工会经费代收凭据注明的拨缴工会经费100万元，未超扣除限额，无须调整。

综上，"三项经费"合计应调增应纳税所得额=60+40=100（万元），选项D当选。

选项A不当选，仅考虑了职工福利费应纳税调整的金额。

选项B不当选，仅考虑了职工教育经费应纳税调整的金额。

选项C不当选，虽正确计算职工福利费和职工教育经费应纳税调整金额，但误将工会经费按照扣除限额进行调整，纳税调减20万元。

1.76-5 斯尔解析　ACE　本小问考查研发费用加计扣除的规定。

选项A当选，本题为饮料生产企业，即制造业，其研发费用加计扣除的比例为100%。未形成无形资产的部分，可以加计扣除400万元。选项CE当选，已经形成无形资产的部分，自无形资产新增的当月开始摊销，故会计应摊销的金额为=600÷10×6÷12=30（万元），会计未进行处理，应调减利润总额30万元。

税法规定，形成无形资产的，按照无形资产成本的100%在税前摊销，故税法上可以摊销的金额=600×2÷10×6÷12=60（万元），而会计上实际摊销30万元，应调减当年的应纳税所得额30万元。

1.75-6 🔆 斯尔解析 　　D　本小问考查应纳税所得额的计算。

修正后的会计利润总额=5 600–30=5 570（万元）

应纳税所得额=5 570–500–382+700+100–430=5 058（万元）

应缴纳的企业所得税=5 058×25%=1 264.5（万元），选项D当选。

使用斯尔教育APP
扫码看解析做好题

第二章 个人所得税

一、单项选择题

2.1 下列各项所得，按工资、薪金所得计算缴纳个人所得税的是（　　）。

A.个人合伙人从合伙企业按月取得的劳动所得

B.律师以个人名义聘请的其他人员从律师处获得的报酬

C.任职于杂志社的记者在本社杂志上发表作品取得的稿费

D.出版社的专业作者的作品，由本社以图书形式出版而取得的稿费

2.2 个人取得的下列所得，应按照"工资、薪金所得"缴纳个人所得税的是（　　）。

A.股东取得股份制公司为其购买并登记在该股东名下的小轿车

B.因公务用车制度改革个人以现金、报销等形式取得的所得

C.杂志社财务人员在本单位的报刊上发表作品取得的所得

D.员工因拥有股权而参与企业税后利润分配取得的所得

2.3 某有限责任公司2022年年初有800万元"其他应收款"余额，其中600万元系2021年2月借给公司股东王某用于投资另一家企业，另有200万元系2021年8月该公司股东王某因个人购买房产的借款。对这些"其他应收款"下列处理符合现行个人所得税政策规定的是（　　）。

A.200万元部分应按"工资、薪金所得"缴纳个人所得税；600万元部分不涉及个人所得税

B.800万元均应按"利息、股息、红利所得"缴纳个人所得税

C.200万元部分不缴纳个人所得税；600万元部分按"利息、股息、红利所得"缴纳个人所得税

D.200万元部分应按"利息、股息、红利所得"缴纳个人所得税；600万元部分不涉及个人所得税

2.4 个人取得的下列报酬，应按"稿酬所得"缴纳个人所得税的是（　　）。

A.摄影师的摄影作品在报刊发表取得的报酬

B.演员在企业的广告制作过程中提供形象取得的报酬

C.编剧从制作单位取得的剧本使用费

D.高校教授为某杂志社审稿取得的报酬

2.5 个人取得的下列所得中，应确定为来源于中国境内所得的是（　　）。

A.在境外开办教育培训取得的所得

B.拥有的专利在境外使用而取得的所得

C.从境外上市公司取得的股息所得

D.将境内房产转让给外国人取得的所得

2.6 居民个人的下列所得，不并入综合所得计税的是（　　）。

A.稿酬所得　　　　　　　　　　B.劳务报酬所得

C.财产租赁所得　　　　　　　　D.工资薪金所得

2.7　下列关于年金的个人所得税处理中，正确的是（　　）。

A.年金的企业缴费计入个人账户的部分，应视为个人一个月的工资缴纳个人所得税

B.个人按本人缴费工资计税基数的5%缴纳的年金，在计算个人所得税时可全额扣除

C.按年缴纳年金的企业缴费部分，应按照全年一次性奖金的计税方法缴纳个人所得税

D.企业根据国家有关政策规定的办法和标准，为本单位全体职工缴付的企业年金单位缴费部分，在计入个人账户时，暂不缴纳个人所得税

2.8　计算个人所得税综合所得应纳税所得额时，下列支出中不得扣除的是（　　）。

A.个人购买的互助型医疗保险支出

B.个人购买的税收递延型商业养老保险支出

C.个人缴付符合国家规定的企业年金支出

D.个人购买符合国家规定的商业健康保险支出

2.9　居民纳税人方某一次性取得稿酬收入3 800元，按现行个人所得税的相关规定，其预扣预缴个人所得税的税额是（　　）元。

A.608.00　　　　　　B.425.60　　　　　　C.600.00　　　　　　D.420.00

2.10　2021年6月李某将其位于市区的普通商品住房赠与挚友王某，李某取得该房屋的实际购置成本为50万元，赠予合同上标明的赠予房屋价值为70万元，税务机关核定的该房屋价值为100万元，王某受赠该房屋支付的相关税费3万元，则王某应缴纳的个人所得税（　　）万元。

A.20.00　　　　　　B.13.40　　　　　　C.14.00　　　　　　D.19.40

2.11　2021年某保险营销员取得不含税佣金收入37.5万元，假定不考虑其他附加税费、专项扣除和专项附加扣除，该营销员未取得其他所得，则2021年该营销员应缴纳个人所得税（　　）元。

A.83 000　　　　　　B.16 080　　　　　　C.43 080　　　　　　D.28 080

2.12　下列关于个人所得税专项附加扣除时限的表述中，符合税法规定的是（　　）。

A.住房贷款利息，扣除时限最长不得超过360个月

B.子女教育，扣除时间为子女年满3周岁当月至全日制学历教育结束的次月

C.同一学历继续教育，扣除时限最长不得超过48个月

D.专业技术人员职业资格继续教育，扣除时间为参加考试的当年

2.13　下列关于大病医疗专项附加扣除的表述中，符合税法规定的是（　　）。

A.纳税人可以选择在预扣预缴环节由扣缴义务人扣除，也可以选择在汇算清缴环节申报扣除

B.纳税人及其配偶、未成年子女发生的医药费用可以合并计算扣除额

C.纳税人发生的医疗费用可以选择由本人或者配偶扣除

D.纳税人发生的医药费用支出，超过15 000元的部分可以扣除，但扣除限额最多不超过80 000元

2.14　小张为甲单位员工，2021年1～12月在甲单位取得工资、薪金48 000元，单位为其办理了2021年1～12月的工资、薪金所得个人所得税全员全额明细申报。2022年，甲公司每月给其发放工资8 000元、个人按国家标准缴付"三险一金"2 000元。在不考虑其他扣除情况下，计算2022年3月甲公司应为小张预扣预缴的个人所得税税额为（　　）。

A.0元　　　　　　B.30元　　　　　　C.60元　　　　　　D.90元

2.15 小王自2020年大学毕业后在某省会城市甲公司任职，2022年3月自甲公司离职，期间1月和2月均已支付工资并预扣预缴个人所得税，5月小王重新入职乙公司工作，当月取得扣除"三险一金"后的工资薪金20 000元，除住房租金外无其他专项附加扣除，计算2022年5月乙公司应为小王预扣预缴的个人所得税税额为（　　）元。

A.405　　　　　　B.555　　　　　　C.15　　　　　　D.0

2.16 某个体工商户2021年为其从业人员实际发放工资105万元，业主领取劳动报酬20万元。2021年该个体工商户允许税前扣除的从业人员补充养老保险限额为（　　）万元。

A.7.35　　　　　　B.5.25　　　　　　C.3.15　　　　　　D.4.20

2.17 根据个人所得税相关规定，计算合伙企业生产经营所得时准予扣除的是（　　）。

A.合伙企业留存的利润　　　　　　B.分配给合伙人的利润

C.合伙个人缴纳的个人所得税　　　D.支付的工商业联合会会费

2.18 小斯持有某合伙企业50%的份额。2021年该企业经营利润30万元（未扣投资者费用）。企业留存利润20万元。小斯分得利润5万元。已知小斯无其他所得，不考虑专项扣除和专项附加扣除，则2021年小斯应缴纳个人所得税（　　）元。

A.0　　　　　　B.3 500　　　　　　C.7 500　　　　　　D.19 500

2.19 计算商铺租赁所得个人所得税时，不得在税前扣除的是（　　）。

A.缴纳的印花税

B.出租方负担的物业费

C.缴纳的城市维护建设税

D.出租人负担的修缮费用800元

2.20 王某从2021年1月1日起出租其自有的一套住房，扣除相关税费后的每月租金收入3 000元，全年共计36 000元。王某上述租房所得在2021年应缴纳的个人所得税为（　　）元。

A.2 880　　　　　　B.5 760　　　　　　C.2 640　　　　　　D.5 280

2.21 某商场在周年庆典活动中向消费者随机赠送礼品，对消费者个人因此获得的所得，下列说法中正确的是（　　）。

A.个人获得的1 000元抵用券，超过800部分征收个人所得税

B.个人获得的价值500元的电饭煲，免征个人所得税

C.个人获得的价值3 000元的吸尘器，超过800元部分征收个人所得税

D.个人获得的价值3 000元的吸尘器，全额征收个人所得税

2.22 个人取得的下列所得，免征个人所得税的是（　　）。

A.转让国债的所得　　　　　　B.提前退休发放的一次性补贴

C.按国家统一规定发放的补贴、津贴　　D.县级人民政府颁发的教育方面奖金

2.23 某内地个人投资者于2021年6月通过深港通投资在香港联交所上市的H股股票，取得股票转让差价所得和股息红利所得。下列有关对该投资者股票投资所得计征个人所得税的表述中，正确的是（　　）。

A.股票转让差价所得按照10%的税率征收个人所得税

B.股息红利所得由H股公司按照10%的税率代扣代缴个人所得税

C.股票转让差价所得免予征收个人所得税

D.取得的股息红利由中国证券登记结算有限责任公司按照20%的税率代扣代缴个人所得税

2.24　某国有企业职工张某，于2021年2月因健康原因办理了提前退休手续（至法定退休年龄尚有36个月），取得单位按照统一标准支付的一次性补贴216 000元。当月张某领取退休工资6 500元。则张某2021年2月收到的提前退休一次性补贴应缴纳的个人所得税为（　　　）。

A.225元　　　　　　B.1 080元　　　　　　C.21 390元　　　　　　D.14 040元

2.25　某公司员工李某，在公司任职3年，2022年1月依法与公司解除劳动关系，获得经济补偿金180 000元，生活补助费10 000元。此外，当月取得正常工资收入19 000元，假设当地上年度职工年平均工资为50 000元。不考虑专项扣除和专项附加扣除，李某1月应纳个人所得税（　　　）元。

A.1 480　　　　　　B.1 620　　　　　　C.1 900　　　　　　D.2 050

2.26　下列工资、薪金所得，免征个人所得税的是（　　　）。

A.年终加薪

B.劳动分红

C.退休人员再任职收入

D.外籍人员取得任职单位的非现金住房补贴

2.27　个人领取年金的下列方式，适用税率错误的是（　　　）。

A.年金按月领取的，适用月度税率表

B.年金按季领取的，适用月度税率表

C.年金按年领取的，适用综合所得税率表

D.因出国定居一次性领取年金的，适用月度税率表

2.28　王某达到国家规定的退休年龄，按照其购买的税收递延型商业养老保险产品约定，每月可以领取养老金3 000元。王某在领取时应缴纳个人所得税（　　　）元。

A.0　　　　　　B.225.00　　　　　　C.90.00　　　　　　D.67.50

2.29　个人领取原缴存的下列社会保险和企业年金时，应缴纳个人所得税的是（　　　）。

A.企业年金　　　　　　　　　　　B.失业保险金

C.基本养老保险金　　　　　　　　D.医疗保险金

2.30　公民张某作为引进人才，2021年4月以50万元的价格购买引进单位提供的市场价值为80万元的住房，同月以2元/股的价格被授予该单位的股票期权20 000股，授权日股票的市场价格为5.6元/股，行权日为2022年12月，2021年张某就以上两项所得缴纳个人所得税（　　　）元。

A.43 080　　　　　　B.58 590　　　　　　C.47 760　　　　　　D.63 270

2.31　非上市公司授予本公司员工的股票期权，符合规定条件并向主管税务机关备案的，可享受个人所得税的（　　　）。

A.免税政策　　　　B.减税政策　　　　C.不征税政策　　　　D.递延纳税政策

2.32　在2022年12月31日前，居民个人取得上市公司股票期权等股权激励的个人所得税处理正确的是（　　　）。

A.并入当年综合所得计算纳税

B.不作为应税所得征收个人所得税

C.不并入当年综合所得，全额单独适用综合所得税率计算纳税

D.不并入当年综合所得，单独适用综合所得税率按月份数分摊计算纳税

2.33 2021年5月公民小斯将持有的境内上市公司限售股转让，取得转让收入20万元。假设该限售股原值无法确定。小斯转让限售股应缴纳个人所得税（　　）万元。

A.0 B.2.00 C.4.00 D.3.40

2.34 下列关于离婚析产房屋的个人所得税政策，正确的是（　　）。

A.个人因离婚析产方式办理产权过户手续，取得产权方应按房屋市场价值缴纳个人所得税

B.个人转让离婚析产房屋所取得的收入，允许扣除其相应的财产原值和合理费用后，余额按照规定的税率缴纳个人所得税

C.转让离婚析产房屋允许扣除的财产原值，为房屋初次购置全部原值和相关税费之和

D.个人转让离婚析产房屋所取得的收入，符合家庭生活自用2年以上唯一住房的，可以申请免征个人所得税

2.35 王某委托某拍卖行拍卖其2000年购买的一件瓷器，最终拍卖取得的收入是60万元，支付拍卖行佣金3万元，鉴定费1 000元，无法提供购买瓷器的原值凭证，则王某应缴纳的个人所得税为（　　）万元。

A.1.80 B.9.58 C.1.20 D.1.71

2.36 个人下列公益救济性捐赠，以其申报的应纳税所得额30%为限额扣除的是（　　）。

A.通过县政府对贫困地区的捐赠

B.对中国教育发展基金会的捐赠

C.对公益性青少年活动场所的捐赠

D.对中国老龄事业发展基金会的捐赠

2.37 汤姆先生为中国境内无住所个人，2021年全年境内工作天数为73天，其中第四季度境内工作天数为46天。2022年1月，汤姆先生同时取得2021年第四季度奖金20万元和全年奖金50万元，两笔奖金分别由其境内、境外公司支付的比例为40%和60%。汤姆先生2022年1月取得的奖金中归属于境内的收入额为（　　）万元。

A.28 B.8 C.20 D.70

2.38 2021年中国境内某公司聘请境外无住所科研人员杰克参与公司项目研发，2021年1～6月杰克在境内公司履职，7月境内公司向其分别发放2021年一季度和二季度的奖金90 000元和91 000元。已知杰克一季度境内工作天数40天，第二季度境内工作天数45天。杰克2021年7月取得的奖金中应缴纳我国的个人所得税（　　）元。

A.5 980 B.15 590 C.23 090 D.8 540

2.39 非居民个人取得工资薪金所得的征收管理，下列说法正确的是（　　）。

A.依据综合所得税率表，按月代扣代缴税款

B.由扣缴义务人按月代扣代缴税款，不办理汇算清缴

C.扣缴义务人可将同期的工资薪金和劳务报酬所得合并代扣代缴税款

D.向扣缴义务人提供专项附加扣除信息的，可按扣除专项附加后的余额代扣税款

二、多项选择题

2.40 下列各项所得，无须缴纳个人所得税的有（　　）。

A.托儿补助费

B.工伤职工取得的一次性伤残保险待遇

C.退休人员再任职收入

D.差旅费津贴

E.领取年金收入

2.41 下列各项按照"工资、薪金所得"缴纳个人所得税的有（　　）。

A.上市公司股权激励方案下，公司员工取得股票增值权收益

B.个人独资企业业主当月从经营独资企业取得的报酬

C.个人在任职单位兼任公司监事，取得的监事费收入

D.出版社的专业作者撰写、编写的作品，由本社以图书的形式出版取得的所得

E.证券经纪人取得的佣金收入

2.42 根据个人所得税法的规定，下列关于股权转让的表述中，符合税法规定的有（　　）。

A.公司回购股权，个人取得的所得应按"财产转让所得"项目计税

B.个人转让股权，以股权转让收入扣除股权原值后的余额为应纳税所得额

C.因受让方违约，转让方取得的违约金收入，应按"偶然所得"项目计税

D.按照合同约定，转让方在满足条件后取得的后续收入，不作为股权转让收入，应根据收入性质判断其适用的所得项目

E.以非货币性资产出资方式取得的股权，其原值应按照投资入股时非货币性资产价格与取得股权直接相关的合理税费之和确认

2.43 根据个人所得税规定，下列转让住房过程中发生的支出可以在计算应纳税所得额时扣除的有（　　）。

A.房屋原值　　　　　　　　　　B.土地增值税

C.住房贷款利息　　　　　　　　D.增值税

E.印花税

2.44 下列各项应按照"偶然所得"缴纳个人所得税的有（　　）。

A.宋某个人专利被单位使用取得的经济赔偿收入50万元

B.方某获得友人赠送的价值30万元的房产所得

C.职工因拥有股票期权且在行权后取得的企业税后利润分配收益

D.雷某在某超市消费后获得额外抽奖机会，抽中手机一部

E.于某将自己的文字作品手稿复印件公开拍卖取得所得20万元

2.45 下列各项中，应按"利息、股息、红利所得"项目征收个人所得税的有（　　）。

A.法人企业为其股东购买小汽车并将汽车办理在股东名下

B.个人取得的国债转让所得

C.个人独资企业业主用企业资本金进行的个人消费部分

D.个人独资企业对外投资分回的利息或者股息、红利

E.个人合伙企业的留存利得

2.46 下列个人收入，属于纳税人应按"劳务报酬所得"缴纳个人所得税的有（　　　）。

A.李某办理离职手续后，在外地其他单位重新任职后取得的搬家安置费收入

B.某歌星去外地演出取得由当地主办方支付的演出费

C.张某由任职的国有某控股集团派遣到集团下属的中外合资企业担任总经理取得的收入

D.陈某不是某厂家雇员，其为某厂家促成销售业务，厂家奖励陈某出境旅游

E.王某担任某上市公司独立董事职务所取得的董事费收入

2.47 下列关于专项附加扣除的说法，符合个人所得税相关规定的有（　　　）。

A.住房贷款利息扣除的扣除标准是每月1 500元

B.直辖市的住房租金支出的扣除标准是每月1 500元

C.同一学历的继续教育扣除期限不得超过36个月

D.赡养老人专项附加扣除的起止时间为被赡养人年满60周岁的当月至赡养义务终止的当月

E.职业资格技术教育在取得相关证书的当年，按照3 600元定额标准扣除

2.48 根据个人所得税规定，下列关于公益性捐赠支出扣除的表述，正确的有（　　　）。

A.个人同时发生按30%扣除和全额扣除的公益性捐赠支出，可自行选择扣除次序

B.居民个人可以自行决定在综合所得、分类所得、经营所得中的扣除顺序

C.居民个人选择在工资薪金所得中扣除的，可以选择在预扣预缴时扣除

D.居民个人选择在劳务报酬所得中扣除的，可以选择在预扣预缴时扣除

E.经营所得采取核定征收方式的，不得扣除公益性捐赠支出

2.49 居民个人取得的下列所得中，在预扣预缴税款时，可以按照累计预扣法计算的有（　　　）。

A.全日制大学生王某实习取得劳务报酬

B.商场导购员王某取得的工资薪金所得

C.保险营销员王某取得的劳务报酬

D.证券经纪人王某取得的劳务报酬

E.大学教授王某取得的稿酬所得

2.50 个人通过竞拍方式购置"打包"债权后，只处置部分债权的情况下，下列关于应纳税所得额的确定方式正确的有（　　　）。

A.以每次处置部分债权的所得，作为一次财产转让所得

B.其应税收入按照个人取得的货币资产和非货币资产的账面价值的合计数确定

C.所处置债权成本费用（即财产原值），按当次处置的债权账面价值从财产转让所得中扣除

D.个人购买债权过程中发生的拍卖招标手续费、诉讼费、审计评估费及合理税金允许扣除

E.个人处置债权过程中发生的拍卖招标手续费、诉讼费、审计评估费及合理税金允许扣除

2.51 下列关于全年一次性奖金的个人所得税处理，正确的有（　　　）。

A.个人既有全年一次性奖金又有半年奖的，半年奖可并入全年一次性奖金计税

B.个人以低于建造成本的价格购买单位住房的差价部分，应并入全年一次性奖金计税

C.在一个纳税年度内，同一纳税人年终奖不并入综合所得的计税办法只允许采用一次

D.纳税人取得的全年一次性奖金单独作为一个月的工资所得纳税，并以该数额确定税率和速算扣除数

E.实行年薪制企业发放的年终双薪，可按全年一次性奖金纳税

2.52 非居民个人取得的下列所得中，属于来源于中国境内所得的有（　　　）。

A.在境外通过网上指导获得境内机构支付的培训所得

B.在境外写稿在境内出版获得的境内机构支付的稿酬所得

C.持有中国境内公司债券取得的利息所得

D.将专利权转让给中国境内公司在中国使用取得的特许权使用费所得

E.将施工机械出租给中国公民在美国使用而取得的租金所得

2.53 在计算个体工商户应纳税所得额时，下列支出不得在税前扣除的有（　　　）。

A.业主的工资薪金支出

B.赞助贫困生学费支出

C.业主的住院治疗费支出

D.固定资产的经营性租赁支出

E.向税务机关缴纳的税收滞纳金

2.54 个体工商户的支出中，符合所得税相关规定的有（　　　）。

A.为其从业人员发生的职工教育经费的扣除限额为工资薪金总额的8%

B.业务招待费的扣除限额为实际发生额的60%

C.通过省政府的扶贫捐赠扣除限额为其应纳税所得额的30%

D.为开发新技术购置的单台价值80万的设备支出可以一次性扣除

E.业主本人实际发生的职工福利费可以在规定范围内扣除

2.55 下列税务处理中，符合个人独资企业所得税相关规定的有（　　　）。

A.个人独资企业发生的与生产经营有关的业务招待费，可按规定扣除

B.投资者兴办两个或两个以上企业的，其年度经营亏损不可跨企业弥补

C.个人独资企业支付给环保部门的罚款允许税前扣除

D.个人独资企业计提的各种准备金不得税前扣除

E.个人独资企业用于企业生产经营及家庭生活支出，无法划分的，其40%准予扣除

2.56 根据个人所得税核定征收管理的规定，下列说法正确的有（　　　）。

A.核定征收方式包括定额征收、核定应税所得率征收以及其他合理征收方式

B.实行核定征收的合伙企业投资者，不能享受个人所得税的优惠政策

C.发生纳税义务而未按规定期限办理纳税申报的，应直接由税务机关核定征税

D.征税方式由查账征收改为核定征收后，在原查账征收方式下经认定未弥补完的经营亏损，不得再继续弥补

E.持有股权、股票等权益性投资的个人独资企业、合伙企业，不得采用核定征收方式计征个人所得税

2.57 根据个人所得税规定，下列转让行为应被视为股权转让收入明显偏低的有（　　　）。

A.不具有合理性的无偿转让股权

B.申报的股权转让收入低于股权对应的净资产份额的

C.申报的股权转让收入低于取得该股权所支付的价款和相关税费的

D.申报的股权转让收入低于相同或类似条件下同类行业的企业股权转让

E.被投资企业拥有土地使用权等资产的，个人申报的股权转让收入低于股权对应的净资产公允价值份额20%的转让

2.58 根据个人所得税相关规定，居民个人取得的下列奖励说法正确的有（　　）。

A.高新技术企业技术人员科技成果转化取得的股权奖励，可以在不超过12个月内（含）分期缴纳

B.高新技术企业技术人员科技成果转化取得的股权奖励，在取得时暂不缴纳，递延至转让时按照"财产转让所得"纳税

C.国家设立的科研机构科技人员职务成果转化取得的现金奖励，可减按50%计入当月"工资、薪金所得"纳税

D.国家设立的科研机构科技人员科技成果转化取得的股权奖励，在取得时暂不征收个人所得税

E.非上市公司科技人员取得的股权激励，取得时暂不征收个人所得税

2.59 根据个人所得税法的规定，对符合条件的非上市公司股权激励实行递延纳税的政策，享受此优惠需同时满足的条件有（　　）。

A.激励对象应为公司董事会或股东（大）会决定的技术骨干和高级管理人员

B.激励对象人数累计不得超过本公司最近6个月在职职工平均人数的35%

C.股票（权）期权自授予日起应持有满3年，且自行权日起持有满1年

D.股权奖励自获得奖励之日起应持有满3年

E.股票（权）期权自授予日至行权日的时间不得超过10年

2.60 下列中国公民应自行办理个人所得税纳税申报的有（　　）。

A.每年从我国境外取得特许权使用费收入的李某

B.2021年取得我国境内A股上市公司股票转让所得16万元的王某

C.2021年经营个体商店取得年经营所得20万元的个体工商户赵某

D.2021年每月从我国境内的企业因任职取得工资所得，同时还因在外兼职取得稿酬和劳务报酬所得的李某，其综合所得年收入额减除专项扣除的余额为50 000元

E.2021年取综合所得年度汇算需退税300元的张某

2.61 个人取得的下列所得中，免征个人所得税的有（　　）。

A.王某购买体育彩票中奖8 000元

B.王某因提供线索协助公安机关破案而从市公安机关取得的8 000元奖金

C.企业职工因工伤取得的保险赔款收入

D.购买2022年发行的铁路债券取得的利息收入

E.个人转让"新三板"挂牌公司原始股取得的所得

2.62 下列个人所得，免征个人所得税的有（　　）。

A.转让新三板挂牌公司原始股取得的所得

B.转让创新企业境内发行存托凭证（创新企业CDR）取得的所得

C.内地个人投资者通过沪港通转让香港联交所上市H股取得的所得

D.香港个人投资者通过沪港通转让上海证交所上市A股取得的所得

E.内地个人投资者持有非上市公司股权取得的股息所得

2.63 下列关于3岁以下婴幼儿照护专项附加扣除的表述中，符合税法规定的有（　　）。

A.在2021年汇算清缴时，符合条件的纳税人可以享受该政策

B.婴幼儿出生的次月至年满3周岁的当月，可以享受该政策

C.纳税人可以选择在预扣预缴环节由扣缴义务人扣除，也可以选择在汇算清缴环节申报扣除

D.扣除标准为每个婴幼儿每月1 000元定额扣除

E.可以选择由父母一方扣除，或者父母双方均按照扣除标准的50%扣除

2.64　下列关于居民个人取得上市公司股权激励的表述中，符合税法规定的有（　　　）。

A.居民个人在行权日之前将股票期权转让的，以股票期权的转让净收入，作为"工资、薪金所得"项目计税

B.限制性股票个人所得税纳税义务发生时间为限制性股票全部解禁的日期

C.股票增值权个人所得税纳税义务发生时间为上市公司向被授权人兑现股票增值权所得的日期

D.个人获得股权奖励时，应按照"工资、薪金所得"项目计税

E.经备案，个人可自股票期权行权、限制性股票解禁或取得股权奖励之日起，在不超过12个月的期限内纳税

三、计算题

2.65　美国公民小丁，在我国无住所，受雇于我国境内某上市公司，担任该上市公司高级管理人员，2021年度在我国境内累计居住79天。2021年小丁取得以下收入：

（1）2021年1月～2月全月在境内工作，每月取得境内上市公司应税工资50 000元、实报实销的住房补贴15 000元、现金方式的餐补10 000元；2021年3月，小丁在境内履职20天后，离境回到美国，在境外远程继续工作。2021年3月取得境内上市公司支付的工资31 000元。

（2）2021年3月受邀在境内为某非任职公司提供咨询服务，取得劳务报酬50 000元。

（3）2021年3月对由境内上市公司支付的股权激励进行行权，行权价为1元/股，共行权1 000股，行权日该股票市场价为37元/股，该批股权激励全部属于境内工作期间所得。

（4）2021年5月自境内某出版社取得一次性稿酬3 000元。

根据上述资料，回答以下问题：

（1）小丁1～3月工薪收入应缴纳个人所得税（　　　）元。

A.32 770　　　　　　B.25 770　　　　　　C.30 270　　　　　　D.28 020

（2）小丁3月劳务报酬收入应缴纳个人所得税（　　　）元。

A.1 480　　　　　　B.7 590　　　　　　C.10 000　　　　　　D.10 590

（3）小丁股票期权行权所得应缴纳个人所得税（　　　）元。

A.2 970　　　　　　B.2 340　　　　　　C.3 390　　　　　　D.1 080

（4）小丁稿酬所得应缴纳个人所得税（　　　）元。

A.0　　　　　　B.50.40　　　　　　C.308.00　　　　　　D.72.00

四、综合分析题

2.66　李某于2020年底承包甲公司，不改变企业性质，协议约定李某每年向甲公司缴纳400万承包费后，经营成果归李某所有。甲公司适用企业所得税税率25%，假设2021年该公司有关所得税资料和员工王某的收支情况如下：

（1）甲公司会计利润667.5万元，其中含国债利息收入10万元、从未上市居民企业分回的投资收益40万元。

（2）甲公司计算会计利润时扣除了营业外支出300万元，系非广告性赞助支出。

（3）甲公司以前年度亏损50万元可以弥补。

（4）员工王某每月工资18 000元，每月符合规定的专项扣除2 800元、专项附加扣除1 500元；另外王某2月从其他单位取得劳务报酬收入35 000元。

已知：李某无其他所得。

根据上述资料，回答下列问题：

（1）2021年甲公司企业所得税纳税调整金额合计是（　　）万元。

A.250　　　　　　　　B.260　　　　　　　　C.290　　　　　　　　D.300

（2）2021年甲公司应缴纳企业所得税是（　　）万元。

A.166.88　　　　　　B.216.88　　　　　　C.226.88　　　　　　D.229.38

（3）2021年李某承包甲公司应缴纳个人所得税是（　　）元。

A.849 750　　　　　　B.93 360　　　　　　C.111 670　　　　　　D.87 960

（4）2021年2月，甲公司应预扣预缴王某的个人所得税是（　　）元。

A.261　　　　　　　　B.522　　　　　　　　C.411　　　　　　　　D.822

（5）王某的劳务报酬应预扣预缴的个人所得税是（　　）元。

A.7 000　　　　　　　B.5 600　　　　　　　C.6 400　　　　　　　D.8 500

（6）王某2021年个人所得税综合所得汇算清缴时，应退个人所得税（　　）元。

A.6 120　　　　　　　B.3 600　　　　　　　C.6 400　　　　　　　D.5 560

2.67　中国居民王某为某企业员工，家里无兄弟姐妹为独生子，2021年发生了如下经济行为：

（1）王某每月扣缴"三险一金"后工资为20 000元，此外王某所在单位依照国家标准统一为员工购买了符合规定的商业健康保险产品，金额为3 600元/年。王某享受赡养老人专项附加扣除，其父亲在2021年1月年满60周岁，母亲将于2022年6月年满60周岁。除此外，无其他专项附加扣除。

（2）5月购买福利彩票中奖100万元，通过县人民政府向贫困地区捐款40万元并取得相关捐赠票据。王某选择首先在本次中奖所得中直接扣除公益性捐赠项目。

（3）7月因持有2019年2月10日购买的某A股上市公司股票35 000股，取得该公司2020年度分红6 000元；8月将该上市公司股票在公开市场上全部出售，取得股票转让所得167 000元。8月另取得2021年1月购买的另一A股上市公司股票分红8 000元。

根据上述资料，回答下列问题：

（1）关于商业健康保险，下列表述中正确的是（　　）。

A.商业健康保险费用由公司负担，故该项费用无须从王某的工资中扣除

B.商业健康保险费用应计入王某的工资、薪金总额中，因其未超过王某工资薪金的4%，可以全额从工资中扣除

C.商业健康保险费用应计入王某的工资、薪金总额中，因其未超过王某工资薪金的5%，可以全额从工资中扣除

D.商业健康保险费用应计入王某的工资、薪金总额中，扣除限额2 400元/年可以从其工资中扣除，超过部分不予扣除

（2）王某所在单位2021年对工资薪金累计预扣预缴个人所得税额（　　）元。

A.14 520　　　　　　B.13 560　　　　　　C.13 800　　　　　　D.16 920

（3）王某2021年向希望工程的捐款允许税前扣除（　　）万元。

A.0　　　　　　B.12　　　　　　C.30　　　　　　D.40

（4）王某2021年取得的彩票中奖收入应缴纳个人所得税（　　）万元。

A.20.00　　　　B.17.60　　　　C.14.00　　　　D.12.00

（5）王某2021年取得的股票分红收入应缴纳个人所得税（　　）元。

A.0　　　　　　B.800　　　　　C.1 400　　　　D.1 600

（6）王某2021年股权转让所得应缴纳个人所得税（　　）元。

A.0　　　　　　B.16 700　　　　C.25 050　　　　D.33 400

2.68　某上市公司项目经理赵先生，2021年1～5月由于身体原因在家休息，自6月重新就职、首次取得工资薪金收入。其2021年取得个人收入如下：

（1）每月工资18 000元，按国家规定缴纳的社保和公积金3 000元，赵先生全年可以享受赡养老人专项附加扣除（赵先生为独生子女，父亲已去世）。

（2）6月发表小说，从境外A国某出版社取得稿酬所得20 000元，并在A国缴纳税款1 000元。

（3）从1月1日起出租自有住房一套，扣除已缴纳的相关税费后每月租金所得6 000元，7月因房屋修缮支付维修费4 000元，取得正式发票。

（4）10月26日通过拍卖市场拍卖3年前以12 000元购入的字画一幅，拍卖收入为33 000元，支付拍卖费2 000元。

（5）11月取得国债利息收入450元，转让国债收入30 000元，因车辆丢失获得保险公司赔款70 000元，领取原提存的住房公积金35 000元，取得某上市公司企业债券利息收入430元。

（6）2021年12月31日，赵先生取得全年一次性奖金100 000元，赵先生选择不并入综合所得，单独计算纳税。

根据上述资料，回答下列问题：

（1）赵先生2021年6月发放的工资薪金，在当月应预扣预缴个人所得税（　　）元。

A.0　　　　　　B.240　　　　　C.390　　　　　D.270

（2）计算赵先生取得全年一次性奖金应缴纳的个人所得税为（　　）元。

A.9 650　　　　B.7 480　　　　C.9 790　　　　D.20 000

（3）赵先生自A国取得稿酬所得的抵免限额为（　　）元。

A.78.86　　　　B.132.33　　　　C.42.12　　　　D.1 000.00

（4）赵先生2021年出租自有住房收入在7月应缴纳个人所得税（　　）元。

A.416　　　　　B.480　　　　　C.832　　　　　D.960

（5）赵先生2021年拍卖收入应缴纳个人所得税（　　）元。

A.2 400　　　　B.3 800　　　　C.4 200　　　　D.6 600

（6）下列关于赵先生11月份取得的收入，符合个人所得税法规定的有（　　）。

A.国债利息收入免税

B.转让国债收入免税

C.获得的保险公司赔款免税

D.领取住房公积金应按照"工资、薪金所得"征税

E.取得上市公司债券利息收入免税

答案与解析

一、单项选择题

2.1 C	2.2 B	2.3 B	2.4 A	2.5 D
2.6 C	2.7 D	2.8 A	2.9 D	2.10 D
2.11 B	2.12 C	2.13 C	2.14 A	2.15 A
2.16 B	2.17 D	2.18 C	2.19 B	2.20 C
2.21 D	2.22 C	2.23 C	2.24 B	2.25 C
2.26 D	2.27 D	2.28 B	2.29 A	2.30 B
2.31 D	2.32 C	2.33 D	2.34 B	2.35 A
2.36 A	2.37 B	2.38 D	2.39 B	

二、多项选择题

2.40 ABD	2.41 AC	2.42 AE	2.43 ABCE	2.44 BD
2.45 AD	2.46 BDE	2.47 BE	2.48 ABCE	2.49 ABCD
2.50 ADE	2.51 CE	2.52 BCD	2.53 ABCE	2.54 CE
2.55 ABD	2.56 ABDE	2.57 ABCD	2.58 CDE	2.59 ACDE
2.60 ACE	2.61 ABC	2.62 BCD	2.63 CDE	2.64 ACDE

三、计算题

2.65-1 D	2.65-2 B	2.65-3 B	2.65-4 B

四、综合分析题

2.66-1	A	2.66-2	B	2.66-3	B	2.66-4	A	2.66-5	C
2.66-6	B	2.67-1	D	2.67-2	A	2.67-3	C	2.67-4	C
2.67-5	B	2.67-6	A	2.68-1	A	2.68-2	C	2.68-3	A
2.68-4	A	2.68-5	B	2.68-6	AC						

一、单项选择题

2.1 **斯尔解析** C 本题考查"工资、薪金所得"的征税范围。

选项A不当选，按照"经营所得"缴纳个人所得税。选项B不当选，按照"劳务报酬所得"缴纳个人所得税。选项D不当选，出版社的专业作者撰写、编写或翻译的作品，由本社以图书形式出版而取得的稿费收入，按照"稿酬所得"缴纳个人所得税。

2.2 **斯尔解析** B 本题考查"工资、薪金所得"的征税范围。

选项AD不当选，按照"利息、股息、红利所得"缴纳个人所得税。选项C不当选，按"稿酬所得"缴纳个人所得税。如果本题将"杂志社财务人员"换成"杂志社记者、编辑"，取得的所得按照"工资、薪金所得"缴纳个人所得税。

提示：

（1）任职、受雇于报纸、杂志等单位的记者、编辑等专业人员发表作品，按照"工资、薪金所得"缴纳个人所得税；

（2）任职、受雇于报纸、杂志等单位其他人员发表作品，按照"稿酬所得"缴纳个人所得税。

2.3 **斯尔解析** B 本题考查个人投资者从投资企业借款未归还的税务处理。

选项B当选，纳税年度内个人投资者从其投资企业（个人独资企业、合伙企业除外）借款，在该纳税年度终了后既不归还，又未用于企业生产经营的，其未归还的借款可视为企业对个人投资者的红利分配，依照"利息、股息、红利所得"项目计征个人所得税。本题中两笔借款均出借给股东用于股东个人用途，均应按"利息、股息、红利所得"项目计征个人所得税。

2.4 **斯尔解析** A 本题考查"稿酬所得"的征税范围。

选项A当选，个人因其作品（文学作品、书画作品、摄影作品等）以图书、报刊等形式出版、发表而取得的所得，按"稿酬所得"缴纳个人所得税。选项BD不当选，按"劳务报酬所得"缴纳个人所得税。选项C不当选，按"特许权使用费所得"缴纳个人所得税。

2.5 **斯尔解析** D 本题考查个人所得税所得来源地的确定。下列所得，不论支付地点是否在中国境内，均为来源于中国境内的所得：

（1）因任职、受雇、履约等在中国境内提供劳务取得的所得（选项A不当选）；

（2）将财产出租给承租人在中国境内使用而取得的所得（选项B不当选）；

（3）转让中国境内的建筑物、土地使用权等财产或者在中国境内转让其他财产取得的所得（选项D当选）；

（4）许可各种特许权在中国境内使用而取得的所得；

（5）从中国境内的公司、企业以及其他经济组织或者个人取得的利息、股息、红利所得（选项C不当选）。

2.6　【斯尔解析】　C　本题考查综合所得的范围。

综合所得包含：工资薪金所得（选项D不当选）、劳务报酬所得（选项B不当选）、稿酬所得（选项A不当选）、特许权使用费所得。选项C当选，财产租赁所得不属于综合所得，属于分类所得。

2.7　【斯尔解析】　D　本题考查年金的个人所得税处理。

选项AC不当选，企业和事业单位根据国家有关政策规定的办法和标准，为在本单位任职或者受雇的全体职工缴付的年金单位缴费部分，在计入个人账户时，个人暂不缴纳个人所得税。选项B不当选，个人根据国家有关政策规定缴付的年金个人缴费部分，在不超过本人缴费工资计税基数的4%标准内的部分，暂从个人当期的应纳税所得额中扣除。

2.8　【斯尔解析】　A　本题考查综合所得在计税时，其他扣除包含的项目。

选项BCD不当选，依法确定的其他扣除，包括个人缴付符合国家规定的企业年金、职业年金，个人购买符合国家规定的商业健康保险、税收递延型商业养老保险的支出，以及国务院规定可以扣除的其他项目，可以在计算个人所得税综合所得应纳税所得额时扣除。

2.9　【斯尔解析】　D　本题考查稿酬所得预扣预缴时应纳税额的计算。

居民个人取得稿酬所得，需要注意以下两点：

（1）居民个人取得稿酬所得，以收入减除费用后的余额为收入额，稿酬所得的收入额减按70%计算，以每次收入额为预扣预缴应纳税所得额；

（2）每次收入不超过4 000元的，减除费用按800元计算；4 000元以上的，减除费用按照20%计算；

综上，方某预扣预缴的应纳税所得额=（3 800-800）×70%=2 100（元），稿酬所得适用预扣率为20%，应预扣预缴税额=2 100×20%=420（元），选项D当选。

选项A不当选，误将减除费用按照20%计算，且未考虑稿酬所得的收入额减按70%计算，其计算过程为：3 800×（1-20%）×20%=608（元）。

选项B不当选，误将减除费用按照20%计算，其计算过程为：3 800×（1-20%）×70%×20%=425.6（元）。

选项C不当选，未考虑稿酬所得的收入额减按70%计算，其计算过程为：（3 800-800）×20%=600（元）。

2.10　【斯尔解析】　D　本题考查个人无偿受赠房屋产权的个人所得税计算。

对受赠人无偿受赠房屋计征个人所得税时，其应纳税所得额为合同表明的房屋价值减除赠与过程中受赠人支付的相关税费后的余额。但赠予合同标明的房屋价值明显低于市场价格或而合同未标明价值的，税务机关可依据受赠房屋的市场评估价格或采取其他合理方式确定受赠人的应纳税所得额。故王某应缴纳的个人所得税=（100−3）×20%=19.4（万元），选项D当选。

选项A不当选，在计算应纳税所得额时，未扣除王某支付的相关税费，其计算过程为：100×20%=20（万元）。

选项B不当选，误按照合同标明的房屋价值减除相关税费计算应纳税所得额，其计算过程为：（70−3）×20%=13.4（万元）。

选项C不当选，误按照合同标明的房屋价值计算应纳税所得额，其计算过程为：70×20%=14（万元）。

2.11 💡斯尔解析　　B　本题考查保险营销员取得的收入中并入综合所得金额的计算。

选项B当选，具体过程如下：保险营销员、证券经纪人取得的佣金收入，属于劳务报酬所得，以不含增值税的收入减除20%的费用后的余额为收入额，收入额减去展业成本以及附加税费后，并入当年综合所得，计算缴纳个人所得税。保险营销员、证券经纪人展业成本按照收入额的25%计算。

即并入综合所得的金额=收入额−展业成本−相关税费=收入额×（1−25%）−相关税费=佣金收入×（1−20%）×（1−25%）−相关税费=375 000×（1−20%）×（1−25%）=225 000（元）。

劳务报酬应并入综合所得，查找综合所得税率表（年度表）计算纳税，适用20%税率，速算扣除数为16 920元。

应缴纳个人所得税=（225 000−60 000）×20%−16 920=16 080（元）。

选项A不当选，误适用了劳务报酬所得的三级超额累进预扣率表，其计算过程为：225 000×40%−7 000=83 000（元）。

选项C不当选，未考虑保险营销员可以扣除的展业成本且未考虑可以扣除60 000元/年的生计费。其计算过程为：375 000×（1−20%）×20%−16 920=43 080（元）。

选项D不当选，未考虑60 000元/年的生计费可以在计算应纳税额时扣除，其计算过程为：225 000×20%−16 920=28 080（元）。

2.12 💡斯尔解析　　C　本题考查专项附加扣除时限的具体规定。

选项A不当选，为贷款合同约定开始还款的当月至贷款全部归还或贷款合同终止的当月，扣除期限最长不得超过240个月。选项B不当选，学前教育阶段，为子女年满3周岁当月至小学入学前一月；学历教育，为子女接受全日制学历教育入学的当月至全日制学历教育结束的当月；故子女教育的扣除时限为子女年满3周岁当月至全日制学历教育结束的"当月"，而非次月。选项C当选，同一学历（学位）继续教育的扣除期限最长不得超过48个月。选项D不当选，扣除时限为取得相关证书的当年，而非参加考试的当年。

2.13 💡斯尔解析　　C　本题考查大病医疗专项附加扣除的规定。

选项A不当选，大病医疗专项附加扣除只能在汇算清缴时由纳税人自行申报扣除，除大病医疗专项附加扣除外，其他专项附加扣除既可以由纳税人选择在预扣预缴环节扣除，也可以选择在汇算清缴环节扣除。选项B不当选，纳税人及其配偶、未成年子女发生的医药费用支出，应"分别"计算扣除额。选项D不当选，纳税人发生的"与基本医保相关的医药费用支出，报销医保后个人负担

（指医保范围内的自付部分）"累计超过15 000元的部分可以扣除，但扣除限额最多不超过80 000元。

2.14 斯尔解析 A 本题考查"工资、薪金所得"预扣预缴的优化规定。

小张同时满足三个条件：（1）上一纳税年度1～12月均在同一单位任职且预扣预缴申报了工资、薪金个人所得税；（2）上一年度1～12月工资、薪金收入未超过60 000元（上年度为48 000元）；（3）本纳税年度自1月起，仍在该单位任职受雇并取得工资、薪金所得。因此，扣缴义务人在预扣预缴本年度工资、薪金所得个人所得税时，累计减除费用自1月份起直接按照全年60 000元计算扣除。2022年1～3月，小张累计收入不足60 000元，无须预缴税款，选项A当选。

选项B不当选，其计算的是一般规定下（即不满足累计减除费用直接按照全年60 000元），3月份应预扣预缴的税额。

选项C不当选，其计算的是一般规定下，前两个月已预扣预缴税额。

选项D不当选，其计算的是一般规定下，前三个月累计预扣预缴税额。

2.15 斯尔解析 A 本题考查工资、薪金所得预扣预缴时对累计减除费用扣除金额的规定。

选项A当选，具体过程如下：

累计预扣预缴应纳税所得额=累计收入–累计免税收入–累计减除费用–累计专项扣除–累计专项附加扣除–累计依法确定的其他扣除

（1）累计收入为纳税人在"本单位"截至当前月份工资、薪金所得累计收入；

（2）累计减除费用和累计专项附加扣除在计算时以纳税人当年截至本月在"本单位"的任职受雇月份数计算。

（3）小王在省会城市租房，可以扣除的住房租金为1 500元/月。

5月为小王在新单位（乙公司）的第一个月，故在计算累计减除费用和累计专项附加扣除时均按照1个月计算，其累计预扣预缴应纳税所得额=20 000–5 000×1–1 500×1=13 500（元），查找综合所得税率表，适用税率为3%，速算扣除数为0，故应预扣预缴税额=13 500×3%=405（元）。

选项B不当选，在计算应纳税所得额时未考虑减除费用（生计费）5 000元，其计算过程为：（20 000–1 500）×3%=555（元）。

选项C不当选，在计算累计减除费用和累计专项附加扣除的月份数时，均按照截至本月的月份数计算，而非在"本单位"的任职受雇月份数。其计算过程为：（20 000–5 000×3–1 500×3）×3%=15（元）。

选项D不当选，误认为可以适用"减除费用直接按照60 000元/年扣除"的优化规定。

2.16 斯尔解析 B 本题考查个体工商户补充养老保险扣除的规定。

选项B当选，个体工商户为从业人员缴纳的补充养老保险费、补充医疗保险费，分别在不超过从业人员工资总额5%标准内的部分据实扣除；超过部分，不得扣除。所以，本题允许扣除的从业人员的补充养老保险限额=105×5%=5.25（万元）。

选项A不当选，扣除比例误适用7%比例。

选项C不当选，扣除比例误适用3%比例。

选项D不当选，扣除比例误适用4%比例。

提示：个体工商户业主本人缴纳的补充养老保险费、补充医疗保险费，以当地（地级市）上年度社会平均工资的3倍为计算基数，分别在不超过该计算基数5%标准内的部分据实扣除；超过部分，不得扣除。

2.17　斯尔解析　D　本题考查合伙企业经营所得可扣除项目的规定。

选项D当选，合伙企业按照规定缴纳的摊位费、行政性收费、协会会费等，按实际发生数额扣除。选项ABC均不得税前扣除，不当选。

2.18　斯尔解析　C　本题考查合伙企业的合伙人个人所得税的计算。

合伙企业生产经营所得采取"先分后税"的原则。生产经营所得和其他所得，包括合伙企业分配给所有合伙人的所得和企业当年留存的所得（利润）。同时取得综合所得和经营所得的纳税人，可在综合所得或经营所得中申报减除费用6万元、专项扣除、专项附加扣除以及依法确定的其他扣除。本题中小斯只有经营所得，无综合所得，故减除费用等应在经营所得中扣除。

因此，小斯应缴纳的个人所得税=（300 000×50%-60 000）×10%-1 500=7 500（元），选项C当选。

选项A不当选，在计算应纳税所得额时，未考虑合伙企业的留存利润，误以为分得利润5万元小于减除费用6万元，无须纳税。

选项B不当选，在计算应纳税所得额时，未考虑合伙企业的留存利润，且未考虑可以减除费用6万元，直接用分得利润5万元，查找经营所得税率表计算纳税，其计算过程为：50 000×10%-1 500=3 500（元）。

选项D不当选，未考虑可以减除费用6万元，其计算过程为：（300 000×50%）×20%-10 500=19 500（元）。

2.19　斯尔解析　B　本题考查财产租赁收入可以扣除的项目。

个人出租房产取得的财产租赁收入（不含增值税）扣除费用范围和顺序包括：

（1）税费（出租房产过程中缴纳的城建税、房产税、印花税和教育费附加）（选项AC不当选）；

（2）租金（只适用于转租的情况）；

（3）修缮费（不超过800元/月，一次扣除不完的，准予在下一次继续扣除，直到扣完为止）（选项D不当选）；

（4）法定费用扣除标准（800元或20%费用）。

2.20　斯尔解析　C　本题考查个人出租住房个人所得税的计算。

选项C当选，出租自有住房取得的租金收入，税率暂按10%计算，应缴纳的个人所得税=（3 000-800）×10%×12=2 640（元）。

选项A不当选，误按照全年租金收入一次性计算应纳税额，其计算过程为：36 000×（1-20%）×10%=2 880（元）。

选项B不当选，误按照全年租金收入一次性计算应纳税额，且未考虑个人出租住房适用的税率为10%，其计算过程为：36 000×（1-20%）×20%=5 760（元）。

选项D不当选，未考虑个人出租住房适用的税率为10%，其计算过程为：（3 000-800）×20%×12=5 280（元）。

提示：财产租赁所得需要按月计算应纳税额，在计算全年应纳税额时需要将各月应纳税额加总。

2.21 斯尔解析 D 本题考查偶然所得的征税范围及计税依据。

选项D当选，企业在业务宣传、广告等活动中，随机向本单位以外的个人赠送礼品（包括网络红包），以及企业在年会、座谈会、庆典以及其他活动中向本单位以外的个人赠送礼品，个人取得的礼品收入按照"偶然所得"项目，全额适用20%的税率缴纳个人所得税，但企业赠送的具有价格折扣或折让性质的消费券、代金券、抵用券、优惠券等礼品除外。

2.22 斯尔解析 C 本题考查个人所得税的税收优惠。

选项A不当选，国债利息收入免征个人所得税，转让国债收入照常征税。选项B不当选，机关、企事业单位对未达到法定退休年龄、正式办理提前退休手续的个人，按照统一标准向提前退休工作人员支付一次性补贴，不属于免税的离退休工资收入，应按照"工资、薪金所得"项目征收个人所得税。选项D不当选，"省级"人民政府、国务院部委和中国人民解放军军以上单位，以及外国组织、国际组织颁发的科学、教育、技术、文化、卫生、体育、环境保护等方面的奖金，免征个人所得税，"县级"人民政府颁发的教育奖金照常征税。

2.23 斯尔解析 C 本题考查沪港通、深港股票市场交易互联互通机制试点的个人所得税政策。

选项A不当选，选项C当选，对内地个人投资者通过深港通投资香港联交所上市股票取得的转让差价所得，自2019年12月5日起至2022年12月31日止，暂免征收个人所得税。选项BD不当选，内地个人投资者通过沪港通、深港通投资香港联交所上市股票的股息红利，应该由H股公司按照20%的税率代扣个人所得税；但如果内地投资者投资联交所上市的非H股所取得的股息红利，则应该由中国证券登记结算有限公司按照20%的税率代扣个人所得税。

2.24 斯尔解析 B 本题考查个人提前退休取得一次性补贴收入征收个人所得税的税务处理。

个人因办理提前退休手续而取得的一次性补贴收入，应按照办理提前退休手续至法定离退休年龄之间实际年度数平均分摊，确定适用税率和速算扣除数，单独适用综合所得税率表，应纳税额=｛［（一次性补贴收入÷办理提前退休手续至法定退休年龄的实际年度数）–费用扣除标准］×适用税率–速算扣除数｝×办理提前退休手续至法定退休年龄的实际年度数。

本题距离法定退休年龄尚有36个月，即为3年。先按照年度数平均分摊至各年，单独适用综合所得税率表计税，再乘以距离法定退休年龄的实际年度数3年。

张某取得的一次性补贴应纳税所得额=（216 000÷3）–60 000=12 000（元），适用3%税率和速算扣除数0。

应纳税额=［（216 000÷3）–60 000］×3%×3=1 080（元），选项B当选。

选项A不当选，误将一次性补贴分摊到各月，与当月的退休工资合并，查找综合所得税率表计算纳税。其计算过程为：（216 000÷36+6 500–5 000）×3%=225（元）。

选项C不当选，误将一次性补贴分摊到各月，查找月度税率表，适用税率10%，速算扣除数210，再将一次性补贴乘适用税率计算纳税，其计算过程为：216 000×10%–210=21 390（元）。

选项D不当选，未考虑费用扣除标准，查找综合所得税税率表，适用税率10%，速算扣除数2 520，其计算过程为：〔（216 000÷3）×10%–2 520〕×3=14 040（元）。

提示：提前退休属于正式退休，可享受退休金法定免税政策，其取得的6 500元退休工资免征个人所得税。

2.25　斯尔解析　C　本题考查个人解除劳动合同取得一次性补偿收入的税务处理。

选项C当选，具体过程如下：

（1）个人因与用人单位解除劳动关系而取得的一次性补偿收入（包括用人单位发放的经济补偿金、生活补助费和其他补助费用），其收入在当地上年职工平均工资3倍数额以内的部分，免征个人所得税；超过3倍数额的部分，不并入当年综合所得，单独适用综合所得税率表（年度表）计算纳税。故一次性补偿金应纳税所得额=（180 000+10 000）–50 000×3=40 000（元），查找综合所得税率表（年度表），适用10%税率，速算扣除数为2 520元，应纳税额=40 000×10%–2 520=1 480（元）。

（2）当月取得的正常工资收入，应按照累计预扣法计算预扣预缴税款，应纳税额=（19 000–5 000）×3%–0=420（元）。

综上，李某1月份应缴纳个人所得税=1 480+420=1 900（元）。

选项A不当选，未考虑工资薪金收入的应纳税额。

选项B不当选，误将生活补助费与当月取得的工资收入合并按照"工资、薪金所得"计税，其计算过程为：（180 000–50 000×3）×3%+（10 000+19 000–5 000）×3%=1 620（元）。

选项D不当选，在计算当月工资收入应纳税额时未考虑基本减除费用5 000元/月，其计算过程为：1 480+19 000×3%=2 050（元）。

2.26　斯尔解析　D　本题考查个人所得税的征税范围和税收优惠。

选项D当选，外籍个人以非现金形式或实报实销形式取得的住房补贴和伙食补贴，免征个人所得税。选项ABC不当选，年终加薪、劳动分红和退休再任职取得的收入，按"工资、薪金所得"项目征税。

提示：外籍个人以现金形式取得的住房补贴和伙食补贴不属于免征个人所得税的项目。

2.27　斯尔解析　D　本题考查个人领取年金的税收规定。

选项D表述错误，当选，个人因出境定居而一次性领取的年金个人账户资金，或个人死亡后，其指定的受益人或法定继承人一次性领取的年金个人账户余额，适用综合所得税率表计算纳税。对个人除上述特殊原因外一次性领取年金个人账户资金或余额的，适用月度税率表计算纳税。

提示：年金按季领取的，平均分摊计入各月，按每月领取额适用月度税率表计算纳税。

2.28　斯尔解析　B　本题考查个人领取税收递延型商业养老保险的养老金收入的相关规定。

选项B当选，个人按照规定领取的税收递延型商业养老保险的养老金收入，其中25%部分予以免税，其余75%部分按照10%的比例税率计算缴纳个人所得税，其领取时应缴纳的个人所得税=3 000×75%×10%=225（元）。

选项A不当选，误认为领取时全额免税。

选项C不当选，直接按领取养老金金额，全额查找月度税率表计算纳税，其计算过程为：3 000×3%=90（元）。

选项D不当选，尽管考虑了养老金收入中25%免税，但误适用了月度税率表，其计算过程为：3 000×75%×3%=67.5（元）。

提示：该税款计入"工资、薪金所得"项目，由保险机构代扣代缴后，在个人购买税延养老保险的机构所在地办理全员全额扣缴申报。

2.29　斯尔解析　A　本题考查个人所得税免税的税收优惠。

选项A当选，个人达到国家规定的退休年龄，按规定领取的年金，按照"工资、薪金所得"项目适用的税率，计征个人所得税。选项BCD不当选，个人领取原提存的住房公积金、医疗保险金、基本养老保险金，以及具备规定条件的失业人员领取的失业保险金，免予征收个人所得税。

2.30　斯尔解析　B　本题考查职工低价取得住房和员工取得股票期权的个人所得税规定。

选项B当选，具体过程如下：

（1）股票期权应在行权时缴纳个人所得税，故2021年无须缴纳个人所得税。

（2）单位按低于购置或建造成本价格出售住房给职工，职工因此而少支出的差价部分，符合规定的，不并入当年综合所得，以差价收入除以12个月得到的数额，按照月度税率表确定适用税率和速算扣除数，单独计算纳税。

本题中差额=800 000-500 000=300 000（元），以300 000÷12=25 000（元），确定适用20%的税率，速算扣除数为1 410元。

综上，应纳个人所得税=300 000×20%-1 410=58 590（元）。

选项A不当选，在计算低价取得住房应缴纳的个人所得税时，按照少支出的差价部分，全额单独适用综合所得税率表，确定适用税率为20%，速算扣除数为16 920，其计算过程为：300 000×20%-16 920=43 080（元）。

选项C不当选，在选项A的基础上，另外考虑了股票期权的应纳税额-（5.6-2）×20 000×10%-2 520=4 680（元），即应纳个人所得税=43 080+4 680=47 760（元）。

选项D不当选，在选项B的基础上，另外考虑了股票期权的应纳税额4 680元，即应纳个人所得税=58 590+4 680=63 270（元）。

2.31　斯尔解析　D　本题考查非上市公司员工取得的股票期权的递延纳税政策。

选项D当选，非上市公司授予本公司员工的股票期权、股权期权、限制性股票和股权奖励，符合规定条件的，经向主管税务机关备案，可实行递延纳税政策，即员工在取得股权激励时可暂不纳税，递延至转让该股权时纳税。

2.32　斯尔解析　C　本题考查居民个人取得股票期权的个人所得税处理。

选项C当选，居民个人取得上市公司股票期权、股票增值权、限制性股票、股权奖励等股权激励，符合规定的相关条件的，在2022年12月31日前，不并入当年综合所得，全额单独适用综合所得税率表，计算纳税。

2.33　斯尔解析　D　本题考查转让上市公司限售股的个人所得税政策。

对个人转让限售股取得的所得，按照"财产转让所得"项目，适用20%的比例税率征收个人所得税。以每次限售股转让收入，减除限售股原值和合理税费后的余额为应纳税所得额。如果纳税人未能提供完整、真实的限售股原值凭证，不能准确计算限售股原值的，主管税务机关一律按限售股转让收入的15%核定限售股原值及合理税费。

小斯转让限售股应缴纳个人所得税=20×（1-15%）×20%=3.4（万元），选项D当选。

选项A不当选，误认为转让上市公司限售股免税。

选项B不当选，误认为转让上市公司限售股直接按转让收入减半征收个人所得税，其计算过程为：20×50%×20%=2（元）。

选项C不当选，未考虑限售股的原值和合理税费可以减除，其计算过程为：20×20%=4（元）。

提示：个人转让境内上市公司股票免税。

2.34 🔎斯尔解析　B　本题考查离婚析产房屋的个人所得税政策。

选项A不当选，个人因离婚办理房屋产权过户手续，不征收个人所得税。选项C不当选，允许扣除的财产原值，为房屋初次购置全部原值和相关税费之和"乘以转让者占房屋所有权的比例"。选项D不当选，家庭生活自用"5年"以上唯一住房的，免征个人所得税。

2.35 🔎斯尔解析　A　本题考查拍卖收入征收个人所得税规定。

选项A当选，不能正确计算财产原值的，按转让收入额的3%（海外回流文物为2%）征收率计算缴纳个人所得税，故王某应缴纳的个人所得税=60×3%=1.8（万元）。

选项B不当选，误将收入额的15%作为财产原值和相关税金，其计算过程为：〔60×（1-15%）-3-0.1〕×20%=9.58（万元）。

选项C不当选，误将征收率认为是2%，其计算过程为：60×2%=1.2（万元）。

选项D不当选，在核定征收的方式下，仍减除合理费用（佣金及鉴定费），其计算过程为：（60-3-0.1）×3%=1.71（万元）。

提示：

（1）如果纳税人可以提供合法的财产原值凭证，拍卖所得按"财产转让所得"计征个人所得税，应纳税额=（收入额-财产原值-相关税金-合理费用）×20%。

（2）注意和转让上市公司限售股区分。在转让限售股时，如果不能准确计算限售股原值的，按限售股转让收入的15%核定限售股原值及合理税费。

2.36 🔎斯尔解析　A　本题考查公益性捐赠支出限额扣除和据实扣除的适用情形。

全额据实扣除的情形包括个人通过非营利性的社会团体和政府部门对下列机构的捐赠：

（1）红十字事业；

（2）教育事业（选项B不当选）；

（3）对农村义务教育的捐赠；

（4）对公益性青少年活动场所的捐赠（选项C不当选）；

（5）福利性、非营利性老年机构；

（6）教育发展基金会、中国医药卫生事业发展基金会、中国老龄事业发展基金会（选项D不当选）、宋庆龄基金会、中华健康快车基金会等多家单位的捐赠；

（7）向地震灾区的捐赠。

选项A当选，除上述规定的情形外，个人将其所得通过中国境内的公益性社会组织、县级以上人民政府及其部门等国家机关对教育、扶贫、济困等公益慈善事业进行捐赠，以其申报的应纳税所得额30%为限额扣除。

2.37 **斯尔解析** B 本题考查无住所个人取得数月奖金所得来源地的确定。

选项B当选，由于2021年度汤姆先生在中国境内居住天数不超过90天，为非居民个人，因此汤姆先生仅需就境内所得中境内公司支付部分缴税。汤姆先生2022年1月取得70万元奖金中归属于境内的计税收入额=20×40%×（46÷92）+50×40%×（73÷365）=8（万元）。

选项A不当选，误认为境内公司支付的部分为应税收入，其计算过程为：（20+50）×40%=28（万元）。

选项C不当选，误认为境内所得部分全部为应税收入，未考虑境内所得境外企业负担部分免税，其计算过程为：20×（46÷92）+50×（73÷365）=20（万元）。

选项D不当选，误认为全部所得均为应税收入。

2.38 **斯尔解析** D 本题考查无住所个人取得数月奖金应纳税额的计算。

选项D当选，具体过程如下：

（1）计算应税收入额。

2021年度汤姆在境内居住天数不超过90天，仅需就境内所得中境内公司支付部分缴税，计税收入额=90 000×40÷（31+28+31）+91 000×45÷（30+31+30）=85 000（元）。

（2）计算应纳税额。

非居民个人一个月内取得数月奖金，单独计算当月收入额。不与当月其他工资、薪金合并，按6个月分摊计税，不减除费用，适用月度税率表计算应纳税额，故应纳税额=（85 000÷6×20%-1 410）×6=8 540（元）。

选项A不当选，误将应税收入额全额适用综合税率表计算应纳税额，其计算过程为：85 000×10%-2 520=5 980（元）。

选项B不当选，误用应税收入额除以6得到的税额，按照月度税率表，确定适用税率和速算扣除数，计算应纳税额，其计算过程为：85 000×20%-1 410=15 590（元）。

选项C不当选，误将应税收入额全额适用月度税率表计算应纳税额，其计算过程为：85 000×45%-15 160=23 090（元）。

提示：

（1）非居民个人取得数月奖金，无论取得几个月奖金，均按6个月分摊计税。

（2）如果非居民个人取得奖金的当月，同时取得工资薪金，奖金收入需要单独计算，且不减除费用。

2.39 **斯尔解析** B 本题考查非居民个人取得工资薪金所得的征收管理。

选项A不当选、B当选，非居民个人取得工资薪金所得，有扣缴义务人的，由扣缴义务人根据月度税率表，按月代扣代缴税款，年终不办理汇算清缴。选项C不当选，工资薪金不能和劳务报酬合并计算。选项D不当选，非居民不享受专项附加扣除。

二、多项选择题

2.40 〔斯尔解析〕 **ABD** 本题考查个人所得税的征税范围。

不属于工资、薪金性质的补贴、津贴不予征收个人所得税。这些项目包括：

（1）独生子女补贴；

（2）执行公务员工资制度未纳入基本工资总额的补贴、津贴差额和家属成员的副食品补贴；

（3）托儿补助费（选项A当选）；

（4）差旅费津贴、误餐补助（选项D当选）。

选项B当选，对工伤职工及其近亲属按照《中华人民共和国工伤保险条例》规定取得的一次性伤残保险待遇，免征个人所得税。

选项C不当选，退休人员再任职取得的收入，在减除按税法规定的费用扣除标准后，按工资、薪金所得应税项目缴纳个人所得税。

选项E不当选，个人领取年金时，不并入综合所得，全额单独计算应纳税额。

2.41 〔斯尔解析〕 **AC** 本题考查"工资、薪金所得"的征税范围。

选项B不当选，属于"经营所得"。选项D不当选，作者取得的所得按"稿酬所得"计税。选项E不当选，证券经纪人取得的佣金收入应按"劳务报酬所得"计税。

2.42 〔斯尔解析〕 **AE** 本题考查个人转让股权的相关规定。

选项A当选，股权转让，指个人将股权（不包括个人独资企业和合伙企业股权）转让给其他个人或法人的行为，公司回购股权，发生了股权转移，应按照"财产转让所得"项目计税。选项B不当选，个人转让股权，以股权转让收入减除"股权原值"和"合理费用"后的余额为应纳税所得额。合理费用，指股权转让时按照规定支付的有关税费。选项C不当选，转让方取得与股权转让相关的各种款项，包括违约金、补偿金以及以其他名目收回的款项、资产、权益等，应作为股权转让收入的一部分，按照"股权转让收入"项目计税。选项D不当选，纳税人按照合同约定，在满足约定条件后取得的后续收入，应当作为股权转让收入。选项E当选，以非货币性资产出资方式取得的股权，其原值应按照"投资入股时"（而不是股权转让时）非货币性资产价格与取得股权直接相关的合理税费之和确认。

2.43 〔斯尔解析〕 **ABCE** 本题考查个人转让住房应纳税所得额的确定。

选项A当选，个人转让住房以应税收入减除房屋原值、转让住房过程中缴纳的税金及有关合理费用后的余额为应纳税所得额。选项BE当选，选项D不当选，转让住房过程中缴纳的税金，指纳税人在转让住房时实际缴纳的城市维护建设税、教育费附加、土地增值税、印花税等税金，不包含增值税。选项C当选，合理费用，指纳税人按照规定实际支付的住房装修费用、住房贷款利息、手续费、公证费等费用。

2.44 〔斯尔解析〕 **BD** 本题考查"偶然所得"的征税范围。

选项A不当选，个人取得特许权的经济赔偿收入，应按"特许权使用费所得"项目计征个人所得税。选项C不当选，应按"利息、股息、红利所得"项目缴纳个人所得税。选项E不当选，作者将自己的文字作品手稿原件或复印件公开拍卖（竞价）取得的所得，属于提供著作权的使用所得，应按"特许权使用费所得"项目计征个人所得税。

提示：以下拍卖应按"财产转让所得"缴纳个人所得税：

（1）作者将他人的文字作品手稿原件或复印件拍卖。

（2）个人拍卖除文字作品原稿及复印件外的其他财产。

2.45　斯尔解析　**AD**　本题考查"利息、股息、红利所得"的征税范围。

选项A当选，除个人独资企业、合伙企业以外的其他企业的个人投资者，以企业资金为本人、家庭成员及相关人员支付与生产经营无关的消费性支出以及购买汽车、住房等财产性支出，视为企业对个人投资者的红利分配，按"利息、股息、红利所得"项目计征个人所得税。选项B不当选，转让国债属于"财产转让所得"。选项CE不当选，应按"经营所得"缴纳个人所得税。选项D当选，个人独资企业对外投资分回的利息或者股息、红利，不并入企业的收入，而应单独作为投资者个人取得的利息、股息、红利所得，按"利息、股息、红利所得"应税项目计算缴纳个人所得税。

提示：国债利息收入免税，而国债转让收入按照"财产转让所得"项目征税。

2.46　斯尔解析　**BDE**　本题考查"劳务报酬所得"的征税范围。

选项AC不当选，应属于"工资、薪金所得"。

提示：选项D中，如果程某属于厂家雇员，奖励的出境旅游，应属于"工资、薪金所得"。

选项E中，如果王某在公司任职的同时担任董事，董事费应于工资合并，统一按"工资、薪金所得"项目征税。

2.47　斯尔解析　**BE**　本题考查专项附加扣除的具体规定。

选项A不当选，住房贷款利息扣除的扣除标准是每月1 000元。选项C不当选，同一学历（学位）继续教育的扣除期限不能超过48个月。选项D不当选，赡养老人专项附加扣除的起止时间为被赡养人年满60周岁的当月至赡养义务终止的"年末"，非"当月"。

2.48　斯尔解析　**ABCE**　本题考查公益性捐赠支出扣除顺序的相关规定。

选项ABC当选，选项D不当选，居民个人选择在工资薪金所得中扣除公益性捐赠支出的，可以在预扣预缴时扣除，也可以选择在年度汇算清缴时扣除；如选择在劳务报酬所得、稿酬所得、特许权使用费所得中扣除的，只能统一在汇算清缴时扣除。选项E当选，经营所得采取核定征收方式的，不得扣除公益性捐赠支出。

提示：非居民个人发生的公益捐赠支出，未超过其在公益捐赠支出发生的当月应纳税所得额30%的部分，可以从其应纳税所得额中扣除。扣除不完的公益捐赠支出，可以在经营所得中继续扣除。

2.49　斯尔解析　**ABCD**　本题考查预扣预缴税款的特殊规定。

选项ABCD，都可以按照累计预扣法进行计算，当选。选项E不当选，稿酬所得适用20%的预扣率进行计算。

2.50　斯尔解析　**ADE**　本题考查个人处置部分"打包"债权的规定。

选项A当选，每次处置部分债权的所得，都要按照"财产转让所得"计算纳税。

选项B不当选，应税收入按照个人取得的货币资产和非货币资产的评估价值或市

场价值（不是账面价值）的合计数确定。选项C不当选，当次处置债权成本费用
=个人购置"打包"债权实际支出×当次处置债权账面价值÷"打包"债权账面
价值，而不是按照债权账面价值直接扣除。

2.51　斯尔解析　**CE**　本题考查全年一次性奖金个人所得税的规定。

选项AB不当选、选项E当选，全年一次性奖金包括年终加薪、实行年薪制和绩
效工资办法的单位根据考核情况兑现的年薪和绩效工资，不包括半年奖和低价
购房。选项C当选、选项D不当选，居民个人取得全年一次性奖金，在2023年12
月31日前，可选择不并入当年综合所得，以全年一次性奖金收入除以12个月得
到的数额（商数），依据月度税率表确定适用税率和速算扣除数，单独计算纳
税；在一个纳税年度内，该计税办法只允许采用一次。

2.52　斯尔解析　**BCD**　本题考查个人所得税所得来源地的确定。

下列所得，不论支付地点是否在中国境内，均为来源于中国境内的所得：

（1）因任职、受雇、履约等在中国境内提供劳务取得的所得。

（2）将财产出租给承租人在中国境内使用而取得的所得。

（3）许可各种特许权在中国境内使用而取得的所得（选项D当选）。

（4）转让中国境内的不动产等财产或者在中国境内转让其他财产取得的所得
（选项E不当选）。

（5）从中国境内企业、事业单位、其他组织以及居民个人取得的利息、股息、
红利所得（选项C当选）。

选项B当选，对于稿酬所得，由境内企业、事业单位、其他组织支付或者负担的
稿酬所得，为来源于境内的所得。

提示：选项A由于提供劳务所在地在境外，不属于来源于中国境内的所得。

2.53　斯尔解析　**ABCE**　本题考查个体工商户扣除项目的规定。

个体工商户下列支出不得税前扣除：

（1）个人所得税税款；

（2）税收滞纳金；（选项E当选）

（3）罚金、罚款和被没收财物的损失；

（4）不符合扣除规定的捐赠支出；

（5）赞助支出；（选项B当选）

（6）用于个人和家庭的支出；（选项C当选）

（7）与取得生产经营收入无关的其他支出、个体工商户代其从业人员或者他人
负担的税款；

（8）国家税务总局规定不准扣除的支出。

此外，个体工商户业主的工资、薪金支出不得税前扣除，选项A当选。

2.54　斯尔解析　**CE**　本题考查个体工商户扣除项目及标准的具体规定。

选项A不当选，个体工商户为其从业人员发生的职工教育经费的扣除限额为工资
薪金总额的2.5%。选项B不当选，个体工商户业务招待费的扣除限额为实际发
生额的60%，但最高不得超过当年销售（营业）收入的5‰。选项D不当选，个
体工商户研究开发新产品、新技术、新工艺所发生的开发费用，以及研究开发
新产品、新技术而购置单台价值在10万元以下的测试仪器和试验性装置的购置

费准予直接扣除。选项中设备价值为80万元，其支出不能一次性扣除。选项E当选，业主本人实际发生的职工福利费扣除限额=当地（地级市）上年度社会平均工资的3倍×14%，故在规定范围内发生的部分可以扣除。

2.55 斯尔解析 **ABD** 本题考查个人独资企业可扣除项目和不可扣除项目的规定。

选项C不当选，罚款性质的支出，不得在个人所得税前扣除。选项E不当选，个人独资企业，投资者及其家庭发生的生活费用与企业生产经营费用混合在一起，并且难以划分的，全部视为投资者个人及其家庭发生的生活费用，不允许在税前扣除。

提示：个体工商户用于企业生产经营和家庭生活的支出，无法划分的，其40%视为与生产经营有关费用，准予扣除。

2.56 斯尔解析 **ABDE** 本题考查个人所得税核定征收管理的规定。

选项C不当选，纳税人发生纳税义务，未按照规定的期限办理纳税申报，经税务机关责令限期申报，逾期仍不申报的，主管税务机关应采取核定征收方式征收个人所得税。

2.57 斯尔解析 **ABCD** 本题考查股权转让收入明显偏低的情形：

符合下列情形之一，视为股权转让收入明显偏低：

（1）申报股权转让收入低于股权对应净资产份额的（选项B当选）；

（2）申报的股权转让收入低于初始投资成本或低于取得该股权所支付的价款及相关税费的（选项C当选）；

（3）申报的股权转让收入低于相同或类似条件下同一企业同一股东或其他股东股权转让收入的；

（4）申报的股权转让收入低于相同或类似条件下同类行业的企业股权转让收入的（选项D当选）；

（5）不具合理性的无偿让渡股权或股份（选项A当选）；

（6）主管税务机关认定的其他情形。

提示：税务机关在采取净资产核定法核定股权转让收入时，如果被投资企业的土地使用权、房屋、房地产企业未销售房产、知识产权、探矿权、采矿权、股权等资产占企业总资产比例超过20%的，主管税务机关可参照纳税人提供的具有法定资质的中介机构出具的资产评估报告核定股权转让收入。

2.58 斯尔解析 **CDE** 本题考查科技成果转化取得股权奖励、现金奖励的所得税政策。

选项AB不当选，高新技术企业技术人员科技成果转化取得的股权奖励，可以在不超过5个公历年度内（含）分期缴纳。

2.59 斯尔解析 **ACDE** 本题考查非上市公司股权激励享受递延优惠政策应满足的条件。

享受递延纳税政策的非上市公司股权激励（包括股票期权、股权期权、限制性股票和股权奖励，下同）须同时满足以下条件：

（1）属于境内居民企业的股权激励计划。

（2）股权激励计划经公司董事会、股东（大）会审议通过。

（3）激励标的应为境内居民企业的本公司股权。

（4）激励对象应为公司董事会或股东（大）会决定的技术骨干和高级管理人员（选项A当选），激励对象人数累计不得超过本公司最近6个月在职职工平均人数的30%（选项B不当选）。

（5）股票（权）期权自授予日起应持有满3年，且自行权日起持有满1年（选项C当选）；限制性股票自授予日起应持有满3年，且解禁后持有满1年；股权奖励自获得奖励之日起应持有满3年（选项D当选）。上述时间条件须在股权激励计划中列明。

（6）股票（权）期权自授予日至行权日的时间不得超过10年（选项E当选）。

（7）实施股权奖励的公司及其奖励股权标的的公司所属行业均不属于《股权奖励税收优惠政策限制性行业目录》范围。公司所属行业按公司上一纳税年度主营业务收入占比最高的行业确定。

2.60　【斯尔解析】　ACE　本题考查自行纳税申报的情形。

选项A当选，属于取得境外所得的情形，需要自行申报。选项B不当选，转让我国上市公司股票取得的所得暂免征收个人所得税，所以无须申报。选项C当选，属于取得经营所得，应该自行办理纳税申报。选项D不当选，取得劳务报酬所得、稿酬所得、特许权使用费所得中一项或者多项所得，且综合所得年收入额减除专项扣除的余额超过60 000元属于取得综合所得，需要自行办理汇算清缴，李某综合所得年收入额减除专项扣除的余额为50 000元，无须办理汇算清缴。选项E当选，已预缴税额大于年度应纳税额且申请退税的，纳税人需要办理年度汇算进行纳税申报。

2.61　【斯尔解析】　ABC　本题考查个人所得税免税的税收优惠。

选项A当选，购买社会福利有奖募捐奖券、体育彩票一次中奖收入≤10 000元的暂免征收个人所得税。选项B当选，个人举报、协查各种违法、犯罪行为而获得的奖金免征个人所得税。选项C当选，保险赔款收入免征个人所得税。选项D不当选，个人投资者持有2 019～2023年发行的铁路债券取得的利息收入，减按50%计入应纳税所得额计算征收个人所得税，而非免税。选项E不当选，对个人转让"新三板"挂牌公司原始股取得的所得，按照"财产转让所得"，适用20%的比例税率征收个人所得税；对转让"新三板"挂牌公司非原始股取得的所得，暂免征个人所得税。

提示：购买社会福利有奖募捐奖券、体育彩票一次中奖收入≤10 000元的暂免征收个人所得税；对一次中奖收入＞10 000元的，应按税法规定全额征税。

2.62　【斯尔解析】　BCD　本题考查个人取得的与股票股权相关的各项所得征纳税规定。

选项A不当选，个人转让新三板挂牌公司原始股取得的所得，按照"财产转让所得"，适用20%的比例税率征收个人所得税；转让非原始股取得的所得，暂免征收个人所得税。选项B当选，自2019年4月3日起，对个人投资者转让创新企业CDR取得的差价所得，三年内暂免征收个人所得税。选项C当选，内地个人投资者通过沪港通投资香港联交所上市股票取得的转让差价所得，自2019年12月5日起至2022年12月31日止，暂免征收个人所得税。选项D当选，香港市场个人投资者通过沪港通投资上交所上市A股取得的转让差价所得，暂免征收个人所得税。选项E不当选，个人从公开发行和转让市场取得的上市公司股票（含新三板挂牌公司股票）所取得股息、红利，实行差别化的个人所得税政策；从非上市公司取得的股息、红利所得，按"利息、股息、红利所得"征税。

2.63 〔斯尔解析〕 **CDE** 本题考查3岁以下婴幼儿照护专项附加扣除的规定。

选项A不当选，该政策自2022年1月1日起开始实施，故2021年的个人所得税汇算清缴不得适用该政策。

选项B不当选，自2022年1月1日起，婴幼儿出生的"当月"至年满3周岁的"前一个月"，可以享受该政策。

2.64 〔斯尔解析〕 **ACDE** 本题考查居民个人取得上市公司股权激励的个人所得税处理。

选项B不当选，限制性股票个人所得税纳税义务发生时间为"每一批次"限制性股票解禁的日期。

三、计算题

2.65-1 〔斯尔解析〕 **D** 本小问考查无住所个人为高管时，工资、薪金应纳税额的计算。

选项D当选，具体过程如下：

（1）小丁在我国无住所，且一个纳税年度内在我国境内累计居住时间未满183天，属于非居民个人，应就每月工资薪金所得单独适用月度表缴纳个人所得税；

（2）非居民个人在境内公司担任高管的情形下，在一个纳税年度内，在境内累计居住不超过90天，其取得工资、薪金所得中来源于境内的部分，或由境内雇主支付（负担）的部分均应计算缴纳个人所得税，因此3月份取得的工资31 000元应全额纳税；

（3）外籍个人以非现金形式或实报实销形式取得的住房补贴、伙食补贴、搬迁费、洗衣费暂免征收个人所得税，现金形式的补贴需并入当月工资薪金所得征收个人所得税，所以现金餐补10 000元要交税、实报实销的住房补贴15 000元免税；

（4）非居民个人取得工资、薪金所得，以每月收入额减除费用5 000元后的余额为应纳税所得额。

综上，小丁1~2月工薪收入每月应缴纳个人所得税=（50 000+10 000−5 000）×30%−4 410=12 090（元）。

3月应缴纳个人所得税=（31 000−5 000）×25%−2 660=3 840（元）

1~3月工薪收入应纳税额合计=12 090×2+3 840=28 020（元）

选项A不当选，未考虑非居民个人工资、薪金所得可以减除费用5 000元。其计算过程为：〔（50 000+10 000）×35%−7 160〕×2+（31 000×25%−2 660）=32 770（元）。

选项B不当选，误认为小丁仅就境内工作期间境内单位支付的部分纳税。其计算过程为：

〔（50 000+10 000−5 000）×30%−4 410〕×2+〔（31 000×20÷31−5 000）×20%−1 410〕=25 770（元）。

选项C不当选，误认为小丁仅就境内工作期间境内单位支付的部分纳税，且未考虑非居民个人工资、薪金所得可以减除费用5 000元。其计算过程为：〔（50 000+10 000）×35%−7 160〕×2+〔（31 000×20÷31）×20%−1 410〕=30 270（元）。

2.65-2 💡斯尔解析 **B** 本小问考查非居民个人劳务报酬所得应纳税额的计算。

非居民个人取得劳务报酬所得，以收入减除20%的费用后的余额为收入额，适用按月换算的七级超额累进税率表计算应纳税额。

故小丁取得的劳务报酬收入应纳税额=50 000×（1−20%）×30%−4 410=7 590（元），选项B当选。

选项A不当选，误适用综合所得税率表，适用的税率为10%，速算扣除数2 520元，应纳税额=50 000×（1−20%）×10%−2 520=1 480（元）。

选项C不当选，误适用了居民个人取得劳务报酬预扣预缴的计算方式，应纳税额=50 000×（1−20%）×30%−2 000=10 000（元）。

选项D不当选，未考虑20%的减除费用，应纳税额=50 000×30%−4 410=10 590（元）。

2.65-3 💡斯尔解析 **B** 本小问考查非居民个人取得股权激励应纳税额的计算。

非居民个人一个月内取得股权激励所得，不与当月其他工资、薪金合并，按6个月分摊计税，单独适用七级超额累进月度税率表，不得减除费用。

小丁股票期权行权取得的收入=（37−1）×1 000=36 000（元），分摊至6个月，每月金额为6 000元，适用税率10%、速算扣除数210元，应纳税额=（6 000×10%−210）×6=2 340（元），选项B当选。

选项A不当选，误按照3个月分摊计税，每月金额为12 000元，适用税率10%、速算扣除数210元，应纳税额=（12 000×10%−210）×3=2 970（元）。

选项C不当选，误将股权激励全额适用税率10%及速算扣除数210元，应纳税额=36 000×10%−210=3 390（元）。

选项D不当选，全额适用了综合所得税率表，应纳税额=36 000×3%=1 080（元）。

2.65-4 💡斯尔解析 **B** 本小问考查非居民个人稿酬所得应纳税额的计算。

选项B当选，由境内单位支付的稿酬应属于来源于我国境内的所得，需缴纳个人所得税。非居民个人稿酬所得以收入减除20%的费用后的余额为收入额，稿酬所得的收入额再减按70%计算，适用月度税率表。

小丁稿酬所得应纳税所得额=3 000×（1−20%）×70%=1 680（元）

应缴纳的个人所得税=1 680×3%=50.4（元）

选项A不当选，误认为该项收入无须纳税。

选项C不当选，误适用了居民个人取得稿酬所得预扣预缴税额的计算方法，应缴纳的个人所得税=（3 000−800）×20%×70%=308（元）。

选项D不当选，未考虑稿酬所得的收入额减按70%计算，计算的应缴纳的个人所得税=3 000×（1−20%）×3%=72（元）。

四、综合分析题

2.66-1 斯尔解析　A　本小问考查企业所得税的纳税调整项目。

选项A当选，具体过程如下：

（1）国债利息收入，免征企业所得税，应调减应纳税所得额10万元。

（2）符合条件的居民企业之间的股息、红利等权益性投资收益，免征企业所得税，但不包括连续持有居民企业公开发行并上市流通的股票不足12个月取得的投资收益。本题系自非上市居民企业取得的投资收益，享受免税的税收优惠，应调减应纳税所得额40万元。

（3）非广告性质的赞助支出不得在税前扣除，应调增应纳税所得额300万元。

综上，合计应调整金额=-10-40+300=250（万元）。

选项B不当选，未考虑国债利息收入免税。

选项C不当选，未考虑从非上市居民企业取得的投资收益免税。

选项D不当选，既未考虑国债利息收入免税，也未考虑从非上市居民企业取得的投资收益免税。

2.66-2 斯尔解析　B　本小问考查企业所得税的计算。

本小问考虑的关键点是"以前年度亏损的结转弥补"和"纳税调整项目金额"。

企业某一纳税年度发生的亏损可以用下一年度的所得弥补，下一年度的所得不足以弥补的，可以逐年延续弥补，但最长不得超过5年；再结合第（1）小问的250万元可得出调整后的应纳税所得额=667.5+250-50=867.5（万元），2021年甲公司应缴纳企业所得税=867.5×25%=216.88（万元），选项B当选。

选项A不当选，直接用会计利润乘以税率计算税额，未考虑纳税调整项目金额及以前年度亏损可以结转弥补的规定，其计算过程为：667.5×25%=166.88（万元）。

选项C不当选，误用第（1）问中的C选项计算，其计算过程为：（667.5+290-50）×25%=226.88（万元）。

选项D不当选，误用第（1）问中的D选项计算，其计算过程为：（667.5+300-50）×25%=229.38（万元）。

2.66-3 斯尔解析　B　本小问考查居民个人经营所得个人所得税的计算。

选项B当选，具体过程如下：

（1）李某承包甲公司当年取得的经营所得=甲公司税后利润-承包费=（667.5-216.88-400）×10 000=506 200（元）。

（2）由于李某无其他所得，计算其应纳税所得额时，允许扣除60 000元/年、专项扣除及专项附加扣除。本题未列明专项扣除及专项附加扣除，则李某经营所得的应纳税所得额=506 200-60 000=446 200（元），适用的税率为30%，速算扣除数为40 500元，2021年李某承包甲公司应缴纳个人所得税=446 200×30%-40 500=93 360（元）。

选项A不当选，误用税前会计利润计算李某当年取得的经营所得。计算的应纳税所得额=（667.5-400）×10 000-60 000=2 615 000（元），适用的税率为35%，速算扣除数为65 500元，应缴纳的个人所得税=2 615 000×35%-65 500=849 750（元）。

选项C不当选，在计算李某的应纳税所得额时，未考虑生计费60 000元/年可以扣除，计算的应缴纳的个人所得税=506 200×35%-65 500=111 670（元）。

选项D不当选，未仔细审题，误将员工王某的专项附加扣除视为承包者李某的扣除项目，计算的应纳税所得额=506 200-60 000-1 500×12=428 200（元），计算的应缴纳的个人所得税=428 200×30%-40 500=87 960（元）。

2.66-4 🔍 斯尔解析   A   本小问考查居民个人工资、薪金所得预扣预缴的个人所得税计算。

选项A当选，具体过程如下：

王某取得的工资、薪金应按累计预扣法由甲公司预扣预缴，1月累计预扣预缴应纳税所得额=18 000-5 000-2 800-1 500=8 700（元），1月预扣预缴的个人所得税=8 700×3%=261（元）。

2月累计预扣预缴应纳税所得额=18 000×2-5 000×2-2 800×2-1 500×2=17 400（元）

2月应预扣预缴的个人所得税=17 400×3%-261=261（元）

选项B不当选，未减除1月份已经预扣预缴的税额。

选项C不当选，未考虑生计费5 000元/月可以扣除，计算的1月份预扣预缴个人所得税=（18 000-2 800-1 500）×3%=411（元）；2月份累计预扣预缴应纳税所得额=18 000×2-2 800×2-1 500×2=27 400（元），2月应预扣预缴的个人所得税=27 400×3%-411=411（元）。

选项D不当选，未考虑生计费5 000元/月可以扣除且未减除1月份已经预扣预缴的税额，其计算过程为：（18 000×2-2 800×2-1 500×2）×3%=822（元）。

2.66-5 🔍 斯尔解析   C   本小问考查居民个人劳务报酬所得预扣预缴的计算。

选项C当选，具体过程如下：

（1）计算劳务报酬预扣预缴应纳税所得额时，应将收入与4 000元进行比较，超过4 000元的应扣除20%费用。

（2）劳务报酬所得适用三级超额累进预扣率。

综上，王某的劳务报酬应预扣预缴的个人所得税=35 000×（1-20%）×30%-2 000=6 400（元）。

选项A不当选，未考虑20%的减除费用且误用了20%的预扣率，计算的应预扣预缴的个人所得税=35 000×20%=7 000（元）。

选项B不当选，误用了20%的预扣率，计算的应预扣预缴的个人所得税=35 000×（1-20%）×20%=5 600（元）。

选项D不当选，未考虑20%的减除费用，计算的应预扣预缴的个人所得税=35 000×30%-2 000=8 500（元）。

2.66-6 🔍 斯尔解析   B   本小问考查综合所得汇算清缴补退税金额的计算。

选项B当选，具体过程如下：

（1）王某全年工资薪金所得预扣预缴的个人所得税=（18 000×12-5 000×12-2 800×12-1 500×12）×10%-2 520=7 920（元）。

（2）王某的劳务报酬已预扣预缴的个人所得税6 400元。

（3）王某全年综合所得的应纳税所得额=18 000×12+35 000×（1-20%）-

5 000×12−2 800×12−1 500×12=132 400（元），全年应缴纳个人所得税=132 400×10%−2 520=10 720（元）。

综上，王某2021年个人所得税综合所得汇算清缴时，应退个人所得税额=7 920+6 400−10 720=3 600（元）。

选项A不当选，尽管考虑到汇算清缴涉及补退税的原因为劳务报酬所得预扣预缴税额和汇算清缴时存在差异，而工资薪金所得部分不涉及预扣预缴和汇算清缴的差异，故想采取捷径计算的方式，仅计算劳务报酬部分汇算清缴和预扣预缴的差额，但是错误计算了劳务报酬所得在汇算清缴时应纳税额，其计算的应纳税额=35 000×（1−20%）×10%−2 520=280（元），应退税金额=6 400−280=6 120（元）。

选项C不当选，误将劳务报酬所得预扣预缴的税额全额退还。

选项D不当选，同选项A的计算思路，仅计算劳务报酬部分汇算清缴和预扣预缴的差额，其计算的应纳税额=35 000×（1−20%）×3%=840（元），应退税金额=6 400−840=5 560（元）。

2.67-1 斯尔解析　**D**　本小问考查商业健康保险的个人所得税政策。

选项D当选，单位统一为员工购买符合规定的商业健康保险产品的支出，应分别计入员工个人工资、薪金，视同个人购买，按2 400元/年的限额进行扣除。

2.67-2 斯尔解析　**A**　本小问考查工资薪金所得累计预扣预缴税额的计算。

选项A当选，具体过程如下：

（1）累计预扣预缴应纳税所得额=累计收入−累计免税收入−累计减除费用−累计专项扣除−累计专项附加扣除−累计依法确定的其他扣除=20 000×12+3 600−5 000×12−2 000×12−2 400=157 200（元）。

（2）适用20%税率，速算扣除数为16 920元，累计预扣预缴个人所得税额=157 200×20%−16 920=14 520（元）。

选项B不当选，未考虑商业健康保险费用3 600元应计入王某的工资、薪金总额中，且按照3 600元/年进行扣除，计算的累计预扣预缴个人所得税额=（20 000×12−5 000×12−2 000×12−3 600）×20%−16 920=13 560（元）。

选项C不当选，未考虑商业健康保险费用3 600元应计入王某的工资、薪金总额中，按照2 400元/年进行扣除，计算的累计预扣预缴个人所得税额=（20 000×12−5 000×12−2 000×12−2 400）×20%−16 920=13 800（元）。

选项D不当选，在计算赡养老人专项附加扣除时，误按照满足60周岁的老人人数计算，即1 000元/月，计算的累计预扣预缴个人所得税额=（20 000×12+3 600−5 000×12−1 000×12−2 400）×20%−16 920=16 920（元）。

提示：

（1）商业健康保险费用3 600元应计入王某的工资、薪金总额，扣除限额是2 400元；

（2）王某父亲在2021年1月年满60周岁，王某为独生子，故自1月起即可享受2 000元/月的专项附加扣除。

2.67-3 斯尔解析　**C**　本小问考查公益慈善事业捐赠扣除的规定。

选项C当选，个人将其所得通过中国境内的社会团体、国家机关向遭受严重自然灾害地区、贫困地区捐赠，可以选择在分类所得（偶然所得）中扣除，扣除限额为当月该分类所得应纳税所得额的30%。本题中扣除限额=100×30%=30（万元），捐款支出40万元超过扣除限额，所以王某向贫困地区的捐款可以税前扣除的金额为30万元。

选项A不当选，误认为通过"县级"人民政府的捐赠不可扣除。

选项B不当选，误认为扣除限额为当月该分类所得应纳税所得额的12%。

选项D不当选，误认为向贫困地区的捐赠可以全额据实扣除。

2.67-4 🔍斯尔解析 **C** 本小问结合捐赠支出考查偶然所得应纳税额的计算。

选项C当选，偶然所得以每次收入额为应纳税所得额，本题应扣除允许扣除的公益性捐赠金额30万元。

王某取得的彩票中奖收入应缴纳的个人所得税=（100-30）×20%=14（万元）。

选项A不当选，误用第（2）题的A选项计算得出，其计算过程为：100×20%=20（万元）。

选项B不当选，误用第（2）题的B选项计算得出，其计算过程为：（100-12）×20%=17.6（万元）。

选项D不当选，误用第（2）题的D选项计算得出（100-40）×20%=12（万元）。

2.67-5 🔍斯尔解析 **B** 本小问考查个人持有上市公司股票取得分红收入个人所得税政策。

选项B当选，个人从公开发行和转让市场取得的上市公司股票，持股期限超过1年的，股息红利所得暂免征收个人所得税。持股期限在1个月以内（含1个月）的，其股息红利所得全额计入应纳税所得额；持股期限在1个月以上至1年（含1年）的，暂减按50%计入应纳税所得额；上述所得统一适用20%的税率计征个人所得税。因此，王某取得的6 000元股票分红全额免税、8 000元股票分红应减按50%征收，应缴纳的个人所得税=8 000×50%×20%=800（元）。

选项A不当选，误认为持有上市公司股票，不论持有期限，取得的所得均免税。

选项C不当选，误认为持有上市公司股票，不论持有期限，取得的分红收入减按50%计入应纳税所得额，其计算过程为：（6 000+8 000）×50%×20%=1 400（万元）。

选项D不当选，未考虑持有上市公司股票时间在1个月以上至1年（含1年）的，暂减按50%计入应纳税所得额，其计算过程为：8 000×20%=1 600（万元）。

2.67-6 🔍斯尔解析 **A** 本小问考查个人转让上市公司股票取得的所得个人所得税政策。

选项A当选，对个人转让境内上市公司的股票转让所得暂不征收个人所得税，故王某取得的167 000元股权转让所得免税。

选项B不当选，误认为个人转让境内上市公司股票减按10%税率（或减按50%计入应纳税所得额）计算税额。

选项C不当选，误认为个人转让境内上市公司股票减按15%税率计算税额。

选项D不当选，误认为个人转让境内上市公司应按20%税率计算税额。

2.68-1 🔍斯尔解析 **A** 本小问考查工资薪金所得预扣预缴的优化规定。

选项A当选，对一个纳税年度内首次取得工资、薪金所得的居民个人，扣缴义务人在预扣预缴个人所得税时，可按照5 000元／月乘以纳税人当年截至本月月份数计算累计减除费用，故计算6月预扣预缴应纳税所得额时，可直接减除费用5 000×6=30 000（元），无须预扣预缴个人所得税。

选项B不当选，在计算可以扣除的生计费时，误按照纳税人当年在本单位任职月份数计算，应预扣预缴的个人所得税=（18 000–5 000–3 000–2 000）×3%=240（元）。

选项C不当选，未考虑生计费的扣除规定，应预扣预缴的个人所得税=（18 000–3 000–2 000）×3%=390（元）。

选项D不当选，在计算可以扣除的生计费时，误按照纳税人当年在本单位任职月份数计算；且在计算赡养老人专项附加扣除时，误按照老人人数计算，应预扣预缴的个人所得税=（18 000–5 000–3 000–1 000）×3%=270（元）。

2.68-2 斯尔解析　　C　本小问考查全年一次性奖金的计算。

选项C当选，居民个人取得全年一次性奖金，选择不并入综合所得的，以全年一次性奖金收入除以12个月得到的数额，按照按月换算后的综合所得税率表（月度表），确定适用税率和速算扣除数，单独计算纳税。100 000÷12=8 333.33（元），适用税率10%，速算扣除数210元。取得全年一次性奖金应纳税额=100 000×10%–210=9 790（元）。

选项A不当选，误按照并入当月综合所得计算税额，计算的全年应纳税所得额=18 000×7+100 000–60 000–3 000×7–2 000×7=131 000（元），适用税率10%，速算扣除数2 520元，综合所得应纳税额=131 000×10%–2 520=10 580（元）；全年工资薪金预扣预缴税额=（18 000×7–60 000–3 000×7–2 000×7）×3%=930（元），故一次性奖金应纳税额=10 580–930=9 650（元）。

选项B不当选，直接用一次性奖金全额，按照综合所得税率表，确定适用税率和速算扣除数，计算的应纳税额=100 000×10%–2 520=7 480（元）。

选项D不当选，误将一次性奖金按照20%税率计算税额，其计算过程为：100 000×20%=20 000（元）。

2.68-3 斯尔解析　　A　本小问考查居民个人取得境外综合所得时，抵免限额的计算。

选项A当选，具体过程如下：

（1）计算境内外综合所得收入额。

境内收入额=18 000×7=126 000（元）；境外收入额=20 000×（1–20%）×70%=11 200（元）；

境内外收入额合计=126 000+11 200=137 200（元）。

（2）来源于中国境外的综合所得，应当与境内综合所得合并计算应纳税额。

应纳税所得额=137 200–60 000–3 000×7–2 000×12=32 200（元）

应纳税额=32 200×3%=966（元）

（3）用境外收入额占比计算来源于A国的抵免限额。

抵免限额=966×（11 200÷137 200）=78.86（元）

选项B不当选，在计算境外所得抵免限额是误用"收入占比"而非收入额占比进行计算，抵免限额=966×［20 000÷（126 000+20 000）］=132.33（元）。

选项C不当选，在计算享受专项扣除的月份时，误乘以12。计算的境内外综合所得应纳税额=（137 200–60 000–3 000×12–2 000×12）×3%=516（元），抵免限额=516×（11 200÷137 200）=42.12（元）。

选项D不当选，误认为境外已缴纳的税款可以全部抵减。

提示：

（1）稿酬所得的收入额减按70%计算。

（2）赵先生全年享受赡养老人专项附加扣除，故月份数乘以12；享受专项扣除的月份为在职月份，月份数乘以7。

2.68-4 🔆 斯尔解析　A　本小问考查财产租赁所得应纳税额的计算。

选项A当选，具体过程如下：

（1）对于财产租赁收入，每次收入超过4 000元的，允许减除20%费用，应纳税所得额=［每次（月）收入额–准予扣除项目–修缮费用（800元为限）］×（1–20%）。

（2）对个人按市场价格出租的居民住房取得的所得，暂减按10%的税率征收个人所得税。

综上，赵先生出租住房7月应缴纳的个人所得税=（6 000–800）×（1–20%）×10%=416（元）。

选项B不当选，未考虑实际开支的修缮费用可以按800元/次的限额准予扣除，计算应纳税额=6 000×（1–20%）×10%=480（元）。

选项C不当选，未考虑个人按市场价格出租住房减按10%征收个人所得税，其计算过程为：（6 000–800）×（1–20%）×20%=832（元）。

选项D不当选，未考虑实际开支的修缮费用可以按800元/次的限额准予扣除且未考虑个人按市场价格出租住房减按10%征收个人所得税的税收优惠，其计算过程为：6 000×（1–20%）×20%=960（元）。

2.68-5 🔆 斯尔解析　B　本小问考查拍卖收入的个人所得税政策。

选项B当选，赵先生拍卖字画取得的所得属于财产转让所得，应纳税所得额=每次收入额–财产原值–合理费用，适用20%的比例税率。

综上，应缴纳的个人所得税=（33 000–12 000–2 000）×20%=3 800（元）。

选项A不当选，直接适用拍卖财产原值计算应纳税所得额，其计算过程为：12 000×20%=2 400（元）。

选项C不当选，误认为发生的拍卖费2 000元不能扣除，其计算过程为：（33 000–12 000）×20%=4 200（元）。

选项D不当选，误认为财产转让所得应按照转让收入全额纳税，其计算过程为：33 000×20%=6 600（元）。

2.68-6 🔆 斯尔解析　AC　本小问考查个人所得税的免税项目。

选项A当选，国债和国家发行的金融债券利息免税。选项B不当选，转让国债应按"财产转让所得"项目征税。选项C当选，保险赔款免税。选项D不当选，个人实际领（支）取原提存的基本养老保险金、基本医疗保险金、失业保险金和住房公积金时，免征个人所得税。选项E不当选，企业债券利息应按"利息、股息、红利所得"征税。

使用斯尔教育APP
扫码看解析做好题

第三章 国际税收

一、单项选择题

3.1 国际税收产生的基础是（　　）。

A.两个和两个以上国家都对跨境交易征税的结果

B.不同国家之间税收合作的需要

C.国家间对商品服务、所得和财产课税的制度差异

D.跨境贸易和投资等活动的出现

3.2 经营所得国际公认的常设机构利润范围的确定方法是（　　）。

A.归属法　　　　　　　　　　B.分配法

C.核定法　　　　　　　　　　D.控股法

3.3 跨国从事表演的艺术家，其所得来源地税收管辖权判定标准是（　　）。

A.停留时间标准　　　　　　　B.固定基地标准

C.所得支付者标准　　　　　　D.演出活动所在地标准

3.4 下列关于国际税收协定，说法正确的是（　　）。

A.税收协定主要是通过降低所得居住国税率来限制其征税的权利

B.税收协定可通过"主要目的测试"解决协定滥用

C.税收协定的税种范围只包括所得税，不包括财产税

D.税收协定中人的范围是指个人

3.5 下列关于双重居民身份下最终居民身份判定标准的排序中，正确的是（　　）。

A.永久性住所、重要利益中心、习惯性居处、国籍

B.重要利益中心、习惯性居处、国籍、永久性住所

C.国籍、永久性住所、重要利益中心、习惯性居处

D.习惯性居处、国籍、永久性住所、重要利益中心

3.6 根据企业所得税相关规定，预约定价安排中确定关联交易价格采取的方法是（　　）。

A.中位法　　　　　　　　　　B.四分位法

C.百分位法　　　　　　　　　D.八分位法

3.7 转让定价方法中的成本加成法，其公平成交价格的计算公式为（　　）。

A.关联交易发生的实际价格×（1+可比非关联交易成本加成率）

B.关联交易发生的实际价格÷（1-可比非关联交易成本加成率）

C.关联交易发生的合理成本×（1+可比非关联交易成本加成率）

D.关联交易发生的合理成本÷（1-可比非关联交易成本加成率）

3.8 下列属于同期资料管理说法中正确的是（　　）。

A.年度关联交易总额为8亿元的企业应准备主体文档

B.年度关联交易中金融资产转让金额超过1亿元的企业应准备主体文档

C.主体文档主要披露企业关联交易信息

D.年度关联交易中无形资产所有权转让金额超过1亿元的企业应准备本地文档

3.9 关于预约定价安排的管理和监控，下列说法正确的是（　　）。

A.预约定价安排采取五分位法确定价格或者利润水平

B.预约定价安排签署前，税务机关和企业均可暂停、终止预约定价安排程序

C.预约定价安排执行期间，主管税务机关与企业发生分歧，应呈报国家税务总局协调

D.预约定价安排执行期间，企业发生影响预约定价安排的实质性变化，应当在发生变化之日起60日内书面报告主管税务机关

3.10 依据非居民金融账户涉税信息尽职调查管理办法的规定，下列非金融机构属于消极非金融机构的是（　　）。

A.非营利组织

B.上市公司及其关联机构

C.正处于重组过程中的企业

D.上一公历年度内取得股息收入占其总收入50%以上的机构

3.11 OECD于2015年10月发布税基侵蚀和利润转移项目全部15项产出成果。下列各项中，不属于该产出成果的是（　　）。

A.《防止税收协定优惠的不当授予》

B.《金融账户涉税信息自动交换标准》

C.《消除混合错配安排的影响》

D.《确保转让定价结果与价值创造相匹配》

3.12 为减除国际重复征税，国际上居住国政府普遍采用的方法是（　　）。

A.免税法　　　　　　B.抵免法　　　　　　C.税收饶让　　　　　　D.低税法

3.13 当跨国纳税人的国外经营活动盈亏并存时，对纳税人有利的税额抵免方法是（　　）。

A.分国分项限额法　　B.分项限额法　　　　C.综合限额法　　　　　D.分国限额法

二、多项选择题

3.14 在国际税收中，常设机构利润计算的确定方法有（　　）。

A.归属法　　　　　　　　　　　　　B.核定法

C.引力法　　　　　　　　　　　　　D.分配法

E.独立计算法

3.15 下列关于来源地税收管辖权的判定标准，可适用于独立个人劳务所得的有（　　）。

A.所得支付者标准　　　　　　　　　B.劳务发生地标准

C.常设机构标准　　　　　　　　　　D.固定基地标准

E.停留期间标准

3.16 下列收入中应作为国际运输收入的有（　　）。

A.程租、期租形式出租船舶取得的租赁收入

B.干租形式出租飞机取得的租赁收入

C.出租用于运输货物的集装箱取得的租赁收入

D.非专门从事国际运输业务的企业，以自有船舶经营国际运输业务取得的收入

E.为其他国际运输企业代售客票取得的收入

3.17 根据《中新税收协定》，来源国基于税收协定对下列所得实行限制性税率的说法正确的有（　　）。

A.受益所有人是合伙企业，并直接拥有支付股息公司至少25%资本的情况下，来源国对股息所得的税率不应超过5%

B.受益所有人是合伙企业，并直接拥有支付股息公司至少25%资本的情况下，来源国对股息所得的税率不应超过10%

C.受益所有人为金融公司的情况下，来源国对利息的征税税率不应超过7%

D.受益所有人非银行或者非金融机构的情况下，来源国对利息的征税税率为10%

E.受益所有人是缔约国另一方居民的情况下，来源国对特许权使用费的征税税率为10%

3.18　下列因素中，不利于受益所有人身份认定的有（　　　）。

A.申请人有义务在收到所得的24个月内将所得的50%以上支付给第三国（地区）居民

B.申请人从事的经营活动不构成实质性经营活动

C.缔约对方国家（地区）对有关所得免税

D.在利息据以产生和支付的贷款合同之外，存在债权人与第三人之间在数额、利率和签订时间等方面相近的其他贷款或存款合同

E.在特许权使用费据以产生和支付的版权、专利、技术等使用权转让合同之外，存在申请人与第三人之间在有关版权、专利、技术等的使用权或所有权方面的转让合同

3.19　依据企业所得税同期资料管理规定，下列年度关联交易金额应当准备本地文档的有（　　　）。

A.金融资产转让金额超过10 000万元

B.无形资产所有权转让金额超过10 000万元

C.有形资产所有权转让金额超过20 000万元

D.无形资产使用权转让金额未超过5 000万元

E.劳务关联交易金额合计超过4 000万元

3.20　下列关于同期资料管理的说法，正确的有（　　　）。

A.主体文档应当在企业集团"最终控股企业会计年度终了"之日起12个月内准备完毕

B.本地文档应当在关联交易发生年度次年6月30日之前准备完毕

C.特殊事项文档应当在关联交易发生年度次年6月30日之前准备完毕

D.企业仅与境内关联方发生关联交易的，可以不准备主体文档、本地文档和特殊事项文档

E.同期资料应当自税务机关要求的准备完毕之日起保存20年

3.21　税务机关实施特别纳税调查，应当重点关注的企业有（　　　）。

A.关联交易类型较多的企业

B.存在跳跃性盈利的企业

C.高于同行业利润水平的企业

D.未按照规定进行关联申报的企业

E.从其关联方接受的债权性投资与权益性投资的比例超过规定标准的企业

3.22　企业发生关联交易，税务机关可选用合理的转让定价方法调整不同的关联交易。其中成本加成法通常可调整的关联交易有（　　　）。

A.有形资产购销的关联交易

B.资金融通的关联交易

C.无形资产转让的关联交易

D.各参与方关联交易高度整合且难以单独评估各方交易结果的关联交易

E.劳务提供的关联交易

3.23 企业与其关联方签署成本分摊协议，发生特殊情形会导致其自行分配的成本不得在税前扣除，这些情况包括（　　）。

A.不符合独立交易原则

B.没有遵循成本与收益配比原则

C.不具有合理商业目的和经济实质

D.自签署成本分摊协议之日起经营期限为25年

E.未按照有关规定备案或准备有关成本分摊协议的同期资料

3.24 下列关于税收情报交换的表述中，正确的有（　　）。

A.我国从缔约国主管当局获取的税收情报可以在诉讼程序中出示

B.税收情报涉及的事项可以溯及税收协定生效并执行之前

C.我国从缔约国主管当局获取的税收情报可以作为税收执法行为的依据

D.税收情报交换在税收协定规定的权利和义务范围内进行

E.情报交换包括专项情报交换、自动情报交换、自发情报交换，不包括同期税务检查

3.25 缔约国甲的居民小斯因在缔约国乙从事受雇活动取得的报酬，如仅在缔约国甲征税，缔约国乙给予免税待遇，应同时符合的条件有（　　）。

A.小斯在任何12个月中在乙国停留连续或累计不超过183天

B.小斯在任何12个月中在乙国停留连续或累计超过183天

C.该项报酬由并非乙国居民的雇主支付或代表该雇主支付

D.该项报酬不是由雇主设在乙国的常设机构或固定基地所负担

E.该项报酬由乙国居民的雇主支付或代表该雇主支付

3.26 下列关于单边预约定价安排适用简易程序的说法中，正确的有（　　）。

A.企业在主管税务机关送达《税务事项通知书》之日所属纳税年度前3个年度，每年度发生的关联交易金额4000万元人民币以下的，可申请适用简易程序

B.简易程序包括申请评估、协商签署和监控执行三个阶段

C.符合关联交易金额条件的企业，在提交申请之日所属纳税年度前10个年度内，曾受到税务机关特别纳税调查调整且结案的，可申请适用简易程序

D.符合关联交易金额条件的企业，在提交申请之日所属纳税年度前3个年度内曾执行预约定价安排，且执行结果符合要求

E.同时涉及两个或两个以上省级税务机关的单边预约定价安排，暂不适用于简易程序

3.27 间接转让中国应税财产的交易双方及被间接转让股权的中国居民企业可以向主管税务机关报告股权转让事项，并提交相关资料。以下各项资料中属于该相关资料的有（　　）。

A.股权转让合同

B.股权转让前后的企业股权架构图

C.间接转让中国应税财产的交易双方的公司章程

D.境外企业及直接持有中国应税财产的下属企业上两个年度财务会计报表

E.境外企业及间接持有中国应税财产的下属企业上两个年度财务会计报表

三、计算题

3.28 我国某居民企业在甲国设立一家分公司，在乙国设立一家持股80%的子公司，2021年该企业申报的利润总额4 000万元。相关涉税资料如下：

（1）甲国分公司按我国税法确认的销售收入300万元，销售成本500万元；

（2）收到乙国子公司投资收益1 900万元，子公司已在乙国缴纳企业所得税1 000万元，子公司当年税后利润全部分配，乙国预提所得税率5%。

已知：该居民企业适用25%的企业所得税率，无纳税调整金额，境外已纳税额选择分国不分项抵免方式。

根据上述资料，回答以下问题：

（1）2021年该居民企业来源于子公司投资收益的可抵免税额是（　　）万元。

A.500 　　　B.800 　　　C.900 　　　D.1 100

（2）2021年该居民企业来源于子公司的应纳税所得额是（　　）万元。

A.2 400 　　　B.2 700 　　　C.2 800 　　　D.3 000

（3）2021年该居民企业子公司境外所得税的抵免限额是（　　）万元。

A.600 　　　B.675 　　　C.750 　　　D.700

（4）2021年该居民企业实际缴纳企业所得税是（　　）万元。

A.300 　　　B.575 　　　C.1 050 　　　D.525

3.29 我国居民企业甲在境外进行了投资，相关投资架构及持股比例如下图：

2021年经营及分配状况如下：

（1）B国企业所得税税率为30%，预提所得税税率为12%，丙企业应纳税所得总额800万元，丙企业将部分税后利润按持股比例进行了分配。

（2）A国企业所得税税率为20%，预提所得税税率为10%，乙企业应纳税所得总额（该应纳税所得总额已包含投资收益还原计算的间接税款）1 000万元。其中来自丙企业的投资收益100万元，按照12%的税率缴纳B国预提所得税12万元，乙企业在A国享受税收抵免后实际缴纳税款180万元，乙企业税后利润的80%按持股比例进行了分配。

（3）居民企业甲适用的企业所得税税率25%，其来自境内的应纳税所得额为2 400万元。

根据上述资料，回答以下问题：

（1）2021年A国企业乙所纳税额属于由企业甲负担的税额是（　　）万元。

A.76.80 　　　B.96.00 　　　C.192.00 　　　D.76.00

（2）2021年居民企业甲取得来源于企业乙投资收益的抵免限额是（　　）万元。

A.100.00 　　　B.125.00 　　　C.202.00 　　　D.80.80

（3）2021年居民企业甲取得来源于企业乙投资收益的实际抵免额是（　　）万元。

A.100.00 　　　B.125.00 　　　C.109.12 　　　D.80.80

（4）2021年居民企业甲抵免境外所得税后实际缴纳税额是（　　）万元。

A.600.00 　　　B.500.00 　　　C.475.00 　　　D.519.20

答案与解析

一、单项选择题

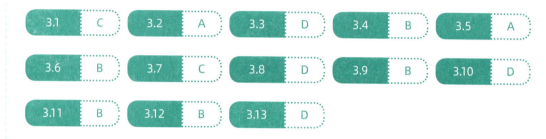

3.1 C	3.2 A	3.3 D	3.4 B	3.5 A
3.6 B	3.7 C	3.8 B	3.9 B	3.10 D
3.11 B	3.12 B	3.13 D		

二、多项选择题

3.14 BD	3.15 ADE	3.16 ADE	3.17 BDE	3.18 BCDE
3.19 ABCE	3.20 ABCD	3.21 ABDE	3.22 ABE	3.23 ABCE
3.24 ABCD	3.25 ACD	3.26 BCE	3.27 ABDE	

三、计算题

3.28-1 C	3.28-2 C	3.28-3 D	3.28-4 B	3.29-1 A
3.29-2 A	3.29-3 A	3.29-4 A		

一、单项选择题

3.1　斯尔解析　C　本题考查国际税收产生的基础。

选项C当选，国家间对商品服务、所得、财产课税的制度差异是国际税收产生的基础。

提示：

（1）国际税收的实质是国家之间的税收分配关系和税收协调关系。

（2）税收管辖权的重叠，是国际重复征税问题产生的主要原因。

3.2　斯尔解析　A　本题考查国际公认的常设机构利润的确定方法。

选项A当选，常设机构利润范围的确定一般采用归属法和引力法，归属法也称"实际所得法"，并已得到国际公认。

3.3　斯尔解析　D　本题考查跨国表演艺术家劳务所得来源地的判定标准。

选项D当选，对于跨国从事演出、表演或者参加比赛的演员、艺术家和运动员取得的所得，均由活动所在国行使收入来源地管辖权征税。

提示：跨国公司的董事或其他高级管理人员，其所得来源地税收管辖权判定标准是所得支付地。

3.4 **斯尔解析** B 本题考查国际税收协定的概念。

选项A不当选，税收协定主要是通过降低所得来源国税率（而非居住国税率）或提高征税门槛，来限制其按照国内税收法律征税的权利，同时规定居民国对境外已纳税所得给予税收抵免。选项C不当选，税收协定的税种范围主要包括所得税，部分协定中还包括财产税。选项D不当选，税收协定中人的范围主要包括个人、公司和其他团体，部分协定中还包括合伙企业等。

3.5 **斯尔解析** A 本题考查税收居民的"加比规则"。

选项A当选，为了解决个人最终居民身份的归属，协定进一步规定了以下确定标准，需特别注意的是，这些标准的使用是有先后顺序的，只有当使用前一标准无法解决问题时，才使用后一标准。这些标准依次为：（1）永久性住所；（2）重要利益中心；（3）习惯性居处；（4）国籍。当采用上述标准依次判断仍然无法确定其身份时，可由缔约国双方主管当局按照协定规定的相互协商程序协商解决。

3.6 **斯尔解析** B 本题考查预约定价安排关联交易价格的确定方法。

选项B当选，预约定价安排采用四分位法确定价格或者利润水平。预约定价安排执行期间，如果企业当年实际经营结果在四分位区间之外，税务机关可以将实际经营结果调整到四分位区间中位值。

提示：税务机关在转让定价调查的过程中，分析评估被调查企业关联交易是否符合独立交易原则时，可以选择算术平均法、加权平均法或者四分位法等统计方法，计算可比企业利润或者价格的平均值或者四分位区间。注意区分转让定价调查过程可选择的统计方法和预约定价安排关联交易价格的确定方法。

3.7 **斯尔解析** C 本题考查转让定价方法中的成本加成法的计算公式。

选项C当选，成本加成法是指以关联交易发生的合理成本加上可比非关联交易毛利作为关联交易的公平成交价格。其计算公式为：

公平成交价格=关联交易发生的合理成本×（1+可比非关联交易成本加成率）

提示：注意与再销售价格法的区分，再销售价格法是以关联方购进商品再销售给非关联方的价格减去可比非关联交易毛利后的金额作为关联方购进商品的公平成交价格，计算公式为：公平成交价格=再销售给非关联方的价格×（1-可比非关联交易毛利率）。

上述两个公式看似易混淆，其实在理解确定方法原理的基础上即可推导出公式，无须死记硬背。

3.8 **斯尔解析** D 本题考查同期资料管理的规定。

选项A不当选，年度关联交易总额超过10亿元的企业应准备主体文档。选项B不当选，年度关联交易中金融资产转让金额超过1亿元的企业应准备本地文档（而非主体文档）。选项C不当选，主体文档主要披露最终控股企业所属企业集团的全球业务整体情况，本地文档主要披露企业关联交易的详细信息。

3.9 **斯尔解析** B 本题考查预约定价安排的管理和监控。

选项A不当选，预约定价安排采用四分位法确定价格或者利润水平。选项C不当选，预约定价安排执行期间，主管税务机关与企业发生分歧的，双方应当进行协商。协商不能解决的，可以报上一级税务机关协调；涉及双边或者多边预约定价安排的，必须层报国家税务总局协调。选项D不当选，预约定价安排执行期间，企业发生影响预约定价安排的实质性变化，应当在发生变化之日起30日内书面报告主管税务机关，详细说明该变化对执行预约定价安排的影响，并附送相关资料。

提示：预约定价安排执行期满后自动失效，企业申请续签的，应当在预约定价安排执行期满之日前90日内向税务机关提出续签申请。

3.10 🔆(斯尔解析) **D** 本题考查消极非金融机构的判断。

选项D当选，上一公历年度内，股息、利息、租金、特许权使用费收入等不属于积极经营活动的收入，以及据以产生前述收入的金融资产的转让收入占总收入比重50%以上的非金融机构属于消极非金融机构。

不属于消极非金融机构的有：

（1）上市公司及其关联机构（选项B不当选）；

（2）政府机构或者履行公共服务职能的机构；

（3）仅为了持有非金融机构股权或者向其提供融资和服务而设立的控股公司；

（4）成立时间不足24个月且尚未开展业务的企业；

（5）正处于资产清算或者重组过程中的企业（选项C不当选）；

（6）仅与本集团（该集团内机构均为非金融机构）内关联机构开展融资或者对冲交易的企业；

（7）非营利组织（选项A不当选）。

3.11 🔆(斯尔解析) **B** 本题考查BEPS行动计划的产出结果。

2015年10月，OECD发布了BEPS行动计划全部15项产出成果，包括13份最终报告和1份解释性声明，选项ACD属于15项产出成果，不当选。

选项B当选，OECD于2014年7月发布了《金融账户涉税信息自动交换标准》，标准由《主管当局协议范本》（MCAA）和《统一报告标准》（CRS）两部分内容组成，为各国加强国际税收合作、打击跨境逃避税提供了强有力的工具。

3.12 🔆(斯尔解析) **B** 本题考查减除国际重复征税的方法。

选项B当选，目前国际上居住国政府可选择采用免税法、抵免法、税收饶让、扣除法和低税法等方法，减除国际重复征税，其中抵免法是普遍采用的方法。

3.13 🔆(斯尔解析) **D** 本题考查抵免限额计算方法的选择。

选项AB不当选，我国纳税人不可以选择分项计算抵免限额的方式确定抵免限额。选项C不当选，当国外普遍盈利且与国内税率不一致时，实行综合限额法对纳税人有利。选项D当选，当跨国纳税人的国外经营活动盈亏并存时，实行分国限额法对纳税人有利。

二、多项选择题

3.14 🔆(斯尔解析) **BD** 本题考查国际公认的常设机构利润的计算方法。

选项BD当选，常设机构的利润计算通常采用分配法和核定法。

提示：利润范围的确定一般采用归属法和引力法，利润的计算通常采用分配法和核定法，注意二者的辨析。

3.15 斯尔解析　ADE　本题考查独立个人劳务来源地的判定标准。

选项ADE当选，独立个人劳务所得来源地的确定，国际上通常采用三种标准：（1）固定基地标准（如诊疗所、事务所等）；（2）停留期间标准；（3）所得支付者标准。

提示：非独立劳务来源地的判定标准有两个，即停留期间标准和所得支付者标准。相比于独立个人劳务，无"固定基地标准"。

3.16 斯尔解析　ADE　本题考查国际运输收入的范围。

选项BC不当选，企业从事以光租形式出租船舶或以干租形式出租飞机，以及使用、保存或出租用于运输货物或商品的集装箱（包括拖车和运输集装箱的有关设备）等租赁业务取得的收入，不属于国际运输业务取得的收入。但附属于国际运输业务的上述租赁业务收入应视同国际运输收入处理。

3.17 斯尔解析　BDE　本题考查《中新税收协定》中投资所得来源国实施限制性税率的规定。

选项A不当选，选项B当选，在受益所有人是公司（合伙企业除外），并直接拥有支付股息公司至少25%资本的情况下，不应超过股息总额的5%。在其他情况下，不应超过股息总额的10%。故受益所有人是合伙企业的情况下，股息的限制性税率应为10%。选项C不当选，选项D当选，受益所有人为金融公司的情况下，来源国对利息的征税税率为7%（而非不超过7%），其他情况下征税税率为10%。选项E当选，如果特许权使用费受益所有人，是缔约国另一方居民，则来源国是所征税款不应超过特许权使用费总额的10%。

3.18 斯尔解析　BCDE　本题考查受益所有人身份认定的不利因素。

选项A不当选，申请人有义务在收到所得的12个月（而非24个月）内将所得的50%以上支付给第三国（地区）居民，不利于受益所有人身份的认定。

3.19 斯尔解析　ABCE　本题考查本地文档的适用情形。

年度关联交易金额符合下列条件之一的企业，应当准备本地文档：

（1）有形资产所有权转让金额（来料加工业务按照年度进出口报关价格计算）超过2亿元（选项C当选）；

（2）金融资产转让金额超过1亿元（选项A当选）；

（3）无形资产所有权转让金额超过1亿元（选项B当选）；

（4）其他关联交易金额合计超过4 000万元（选项E当选）。

选项D不当选，无形资产使用权转让金额超过4 000万元应当准备本地文档。

3.20 斯尔解析　ABCD　本题考查同期资料报送及管理的规定。

选项E不当选，同期资料应当自税务机关要求的准备完毕之日起保存10年。

3.21 斯尔解析　ABDE　本题考查特别纳税调整调查时应重点关注的企业。

税务机关实施特别纳税调查，应当重点关注具有以下风险特征的企业：

（1）关联交易金额较大或者类型较多（选项A当选）；

（2）存在长期亏损、微利或者跳跃性盈利（选项B当选）；

（3）低于同行业利润水平（选项C不当选）；

（4）利润水平与其所承担的功能风险不相匹配，或者分享的收益与分摊的成本不相配比；

（5）与低税国家（地区）关联方发生关联交易；

（6）未按照规定进行关联申报或者准备同期资料（选项D当选）；

（7）从其关联方接受的债权性投资与权益性投资的比例超过规定标准（选项E当选）；

（8）由居民企业，或者由居民企业和中国居民控制的设立在实际税负低于12.5%的国家（地区）的企业，并非由于合理的经营需要而对利润不作分配或者减少分配；

（9）实施其他不具有合理商业目的的税收筹划或者安排。

3.22 🔍斯尔解析 **ABE** 本题考查成本加成法适用的关联交易类型。

成本加成法，通常可调整的关联交易有：有形资产使用权或者所有权的转让（选项A当选）、资金融通（选项B当选）、劳务交易等（选项E当选）。

3.23 🔍斯尔解析 **ABCE** 本题考查签署成本分摊协议，自行分摊的成本不得税前扣除的情形。

企业与其关联方签署成本分摊协议，有下列情形之一的，其自行分摊的成本不得税前扣除：

（1）不具有合理商业目的和经济实质（选项C当选）；

（2）不符合独立交易原则（选项A当选）；

（3）没有遵循成本与收益配比原则（选项B当选）；

（4）未按有关规定备案或准备、保存和提供有关成本分摊协议的同期资料（选项E当选）；

（5）自签署成本分摊协议之日起经营期限少于20年（选项D不当选）。

3.24 🔍斯尔解析 **ABCD** 本题考查税收情报交换概述。

选项AC当选，我国从缔约国主管当局获取的税收情报可以作为税收执法行为的依据，并可以在诉讼程序中出示。税收情报在诉讼程序中作为证据使用时，税务机关应根据行政诉讼法等法律规定，向法庭申请不在开庭时公开质证。选项BD均为正确表述，当选。

选项E不当选，税收情报交换包括专项情报交换、自动情报交换、自发情报交换以及同期税务检查、授权代表访问和行业范围情报交换等。

3.25 🔍斯尔解析 **ACD** 本题考查国际税收协定中"受雇所得"条款的规定。

受雇所得，一般来源国拥有优先征税权。但对于同时满足下列三个条件的受雇所得，来源国应给予免税，居民国享有独占征税权：

（1）居民个人在有关历年中或会计（财政、纳税）年度中或任何12个月（任何365天）中在该缔约国另一方停留连续或累计不超过183天（选项A当选，选项B不当选）；

（2）该项报酬由并非该缔约国另一方居民的雇主支付或代表雇主支付（选项C当选）；

（3）该项报酬不是由雇主设在该缔约国另一方的常设机构或固定基地所负担（选项D当选，选项E不当选）。

3.26 🔍斯尔解析 **BCE** 本题考查单边预约定价安排简易程序。

企业在主管税务机关送达《税务事项通知书》之日所属纳税年度前3个年度，每年度发生的关联交易金额4000万元人民币"以上"的（选项A不当选），并符合下列条件之一的，可申请适用简易程序：

（1）已提交前3个年度符合规定的同期资料；

（2）前10个年度内曾执行预约定价安排，且执行结果符合安排要求（选项D不当选）；

（3）前10个年度内，曾受到税务机关特别纳税调整且结案的（选项C当选）。

3.27 斯尔解析　**ABDE**　本题考查非居民企业间接转让财产企业所得税处理。

间接转让中国应税财产的交易双方及被间接转让股权的中国居民企业可以向主管税务机关报告股权转让事项，并提交以下资料：

（1）股权转让合同或协议（选项A当选）；

（2）股权转让前后的企业股权架构图（选项B当选）；

（3）境外企业及直接或间接持有中国应税财产的下属企业上两个年度财务、会计报表（选项DE当选）；

（4）间接转让中国应税财产交易不适用重新定性的理由。

三、计算题

3.28-1 斯尔解析　**C**　本小问考查可抵免税额的计算。

选项C当选，具体过程如下：

可抵免税额，指企业实际在境外已缴纳的所得税性质的税额，包括直接缴纳的税款（本题中为预提税）和间接负担的税款。

（1）取得乙国子公司投资收益还原缴纳预提所得税前的应纳税所得额=1 900÷（1-5%）=2 000（万元），该企业缴纳的预提所得税额=2 000×5%=100（万元）；

（2）该企业间接负担的税额=子公司已在乙国缴纳企业所得税1 000万元×居民企业对乙国子公司持股比例=1 000×80%=800（万元）。

综上，该居民企业来源于子公司投资收益的可抵免税额=800+100=900（万元）。

选项A不当选，误用还原缴纳预提所得税前的应纳税所得额乘以我国的税率计算。

选项B不当选，未考虑企业收到的股息红利间接负担的税款。

选项D不当选，在计算直接缴纳的税款时，未考虑该居民企业对子企业的持股比例。

3.28-2 斯尔解析　**C**　本小问考查境外子公司应纳税所得额的计算。

选项C当选，该居民企业来源于子公司的应纳税所得额=取得的税后投资收益+预提税+间接税=1 900+100+800=2 800（万元）。

选项A不当选，误用第（1）小问A选项的结果进行计算。

选项B不当选，误用第（1）小问B选项的结果进行计算。

选项D不当选，误用第（1）小问D选项的结果进行计算。

3.28-3 斯尔解析　**D**　本小问考查境外所得的抵免限额。

选项D当选，抵免限额，指"境外税前所得"依据我国税法规定计算出的"应纳税额"。境外税前所的即为第（2）问中已计算出的金额。该居民企业子公司境外所得税的抵免限额=2 800×25%=700（万元）。

选项A不当选，误用第（2）小问A选项的结果进行计算。

选项B不当选，误用第（2）小问B选项的结果进行计算。

选项C不当选，误用第（2）小问D选项的结果进行计算。

提示：抵免限额=700（万元），可抵免税额900万元，实际抵免税额为700万元。

3.28-4 💡斯尔解析 **B** 本小问考查存在境外所得抵免时，居民企业应纳税额的计算。

选项B当选，具体过程如下：

（1）企业实际应纳所得税额=企业境内外所得应纳税总额－境外所得税抵免额。甲公司当年为200万元的亏损，境外分支机构的亏损不得用境内盈利弥补；并且采用"分国不分项"抵免方式，此方式下不得跨国弥补，只能在境外同一国家内结转以后弥补，因此，在计算该居民企业境内外应纳税所得额时，需在利润的基础上调增分支机构亏损200万元。

（2）该居民企业实际缴纳企业所得税=境内外应纳税所得额×税率－境外实际抵免税额=（申报利润总额+不能弥补的境外分支机构亏损+境外所得可抵免税额）×税率－境外已纳税款=［4 000+（500-300）+900］×25%-700=575（万元）。

选项A不当选，直接用企业申报的利润总额作为境内外应纳税所得额，其计算过程为：4 000×25%-700=300（万元）。

选项C不当选，在计算境内外应纳税所得额时，误在申报利润总额的基础上加上第二小问计算出的来源于子公司的应纳税所得额，同时考虑了境外分支机构亏损不得用境内盈利弥补的规定，其计算过程为：［（4 000+2 800）+（500-300）］×25%-700=1 050（万元）。

选项D不当选，未考虑境外分支机构亏损不得用境内盈利弥补的规定，其计算过程为：（4 000+900）×25%-700=525（万元）。

提示：在计算境内外应纳税所得额时，也可以按照以下思路计算：

（1）境外子公司应纳税所得额=2 800万元。

（2）境外分公司应纳税所得额=0（"外亏不得抵内盈"）。

（3）境内公司应纳税所得额=申报利润总额+境外分公司亏损金额－收到的境外子公司投资收益=4 000+（500-300）-1 900=2 300（万元）。

综上，境内外应纳税所得额=①+②+③=5 100（万元）。

3.29-1 💡斯尔解析 **A** 本小问考查本层企业所纳税额应由上层企业负担税额的计算。

选项A当选，具体过程如下：

（1）首先判断可以适用间接抵免政策的企业：

乙企业为第一层公司，由居民企业甲直接持股50%，大于20%，符合间接抵免条件。

丙企业为第二层公司，由乙企业直接持股30%（＞20%），单由居民企业甲间接持股50%×30%=15%（＜20%），不符合间接抵免条件，故丙企业所纳税额不计入其上层企业间接负担税额的计算。

（2）计算企业乙所纳税额属于由企业甲负担的税额。

本层企业所纳税额中由一家上一层企业负担的税额=（本层企业就利润和投资收益实际缴纳的税额+符合条件的由本层企业间接负担的税额）×本层企业分配比例×上层企业对本层企业持股比例=（180+12+0）×80%×50%=76.8（万元）。

选项B不当选，未考虑乙企业税后利润的分配比例是80%，其计算过程为：（180+12+0）×50%=96（万元）。

选项C不当选，既未考虑乙企业税后利润的比例80%，也未考虑甲企业对乙企业的持股比例50%。

选项D不当选，在计算乙企业就投资收益实际缴纳的税额时，误用其所在国的预提所得税率10%计算实际缴纳的"预提税"，其计算过程为：（180+10+0）×80%×50%=76（万元）。

3.29-2 🔍斯尔解析   A 本小问考查境外股息红利所得抵免限额的计算。

选项A当选，具体过程如下：

（1）计算境外应纳税所得额。

股息、红利所得的境外应纳税所得额=境外税后所得+该项所得直接缴纳+间接负担的税款=乙公司税后利润×分配比例×甲公司对乙公司持股比例+甲公司间接负担的税款=（1 000−180−12）×80%×50%+76.8=400（万元）

（2）计算抵免限额。

抵免限额=境外应纳税所得额×甲公司所在国税率=400×25%=100（万元）

选项B不当选，在计算境外应纳税所得额及甲企业间接负担税额时，未考虑税后利润分配比例。

选项C不当选，直接用乙公司全部的税后利润808万元（1 000−180−12）乘以25%税率计算抵免限额。

选项D不当选，在计算境外应纳税所得额时，未考虑甲公司间接负担的税款，得出境应经纳税所得额=（1 000−180−12）×80%×50%=323.2（万元），抵免限额=323.2×25%=80.8（万元）。

提示：本题在计算境外应纳税所得额时也可以用乙公司的全部应纳税所得总额按照分配比例及甲企业的持股比例计算：

抵免限额=乙公司应纳税所得额×分配比例×甲公司对乙公司持股比例×甲公司所在国税率=1 000×80%×50%×25%=100（万元）

3.29-3 💰斯尔解析   A 本小题考查实际抵免境外税额的计算。

选项A当选，具体过程如下：

（1）计算可抵免税额。

可抵免税额=甲企业就境外所得直接缴纳的税额+间接负担的税款=预提税+间接税=808×80%×50%×10%+76.80=109.12（万元）

（2）计算抵免限额。

根据第二小问的计算结果，得知抵免限额为100万元。

（3）可抵免税额与抵免限额比较，取较低者，即100万元作为实际抵免额。

选项B不当选，在计算可抵免税额、抵免限额时均未考虑分配比例。

选项C不当选，未将"可抵免税额"与"抵免限额"进行比较。

选项D不当选，用第二小问D选项错误的抵免限额进行比较。

3.29-4 💡斯尔解析 A 本小问考查存在境外税额抵免的情况下，居民企业实际应纳税额的计算。

选项A当选，具体过程如下：

（1）计算境内外应纳税所得额=2 400+400（第二小问（1）结果）=2 800（万元）。

（2）计算实际应纳税额=境内外应纳税额−实际抵免额=2 800×25%−100=600（万元）。

选项B不当选，在计算境内外应纳税额时，未将境外所得400万元纳入其中，直接用境内所得应纳税额减去实际抵免额计算，其计算过程为：2 400×25%−100=500（万元）。

选项C不当选，在计算境内外应纳税额时，未将境外所得400万元纳入其中，且境外实际抵免额用125万元进行比较，其计算过程为：2 400×25%−125=475（万元）。

选项D不当选，在计算境内外应纳税额时，未将境外所得400万元纳入其中，且境外实际抵免额用80.8万元进行比较，其计算过程为：2 400×25%−80.8=519.2（万元）。

使用斯尔教育APP
扫码看解析做好题

第四章 印花税

一、单项选择题

4.1 下列合同,应按照"技术合同"缴纳印花税的是( )。

A.工程设计合同 B.专利权转让合同

C.专利申请转让合同 D.设备测试合同

4.2 下列单位或个人,属于印花税纳税人的是( )。

A.商品买卖合同的保证人

B.签订动产买卖合同的个人

C.在国外书立技术转让合同,在国内使用的单位

D.向同业拆借资金的银行

4.3 关于印花税的计税依据,下列说法正确的是( )。

A.财产保险合同以所保财产的金额为计税依据

B.融资租赁合同以合同所载租金总额为计税依据

C.易货合同以合同所载的换出货物价值为计税依据

D.建筑工程总承包合同以总承包合同金额扣除分包合同金额后的余额为计税依据

4.4 2022年8月,小斯公司与小丁公司签订一份设备采购合同。价款为2 000万元,两个月后因采购合同作废,又改签为融资租赁合同,租金总额为2 100万元。小斯公司上述行为应缴纳印花税( )元。

A.27 000 B.6 105

C.8 100 D.7 050

4.5 甲公司进口一批货物,由境外的乙公司负责承运,双方签订的运输合同注明所运输货物价值1 000万元、运输费用25万元和保险费5 000元。下列关于印花税的税务处理,正确的是( )。

A.甲公司应缴纳印花税125元 B.乙公司应缴纳印花税125元

C.甲公司应缴纳印花税75元 D.甲公司应缴纳印花税76.5元

4.6 2022年8月,甲企业与某商业银行签订一份流动资金周转性借款合同,合同约定一年内借款最高限额为5 000万元,8月份尚未发生借款业务。同月向乙企业借款100万元,尚未签订借款合同,只填开借据。就该事项,甲企业8月份应缴纳印花税( )元。

A.0 B.50

C.2 500 D.2 550

4.7 2022年8月,甲企业购入一台研发设备,合同约定不含税金额500万元,增值税额65万元;与某科研机构签订一份技术开发合同,合同总金额为400万元,其中研究开发经费300万元,报酬100万元;与某税务师事务所签订税务咨询合同,约定含税金额106万元,则甲企业8月份应缴纳印花税( )元。

A.2 118 B.1 995

C.2 700 D.1 800

4.8 根据印花税相关规定，下列说法正确的是（　　）。

A.应税合同未列明金额的，计税依据应按照合同签订时的市场价格确定

B.应税合同未单独列明增值税的，以价税分离后不含增值税金额作为计税依据

C.证券交易无转让价格的，以办理过户登记手续前一个交易日收盘价计算确定计税依据

D.产权转移书据未列明金额的，计税依据应按照实际结算的金额确定

二、多项选择题

4.9 下列合同，应按"产权转移书据"税目征收印花税的有（　　）。

A.专利申请转让合同

B.土地使用权出让合同

C.土地使用权转让合同

D.专利实施许可合同

E.商品房销售合同

4.10 下列合同或凭证，应缴纳印花税的有（　　）。

A.企业与企业之间签订借款合同

B.出版单位与发行单位订立的图书订购单

C.管道运输合同

D.再保险合同

E.抵押贷款合同

4.11 税务机关可以核定纳税人印花税计税依据的情形有（　　）。

A.未如实登记和完整保存应税凭证的

B.未按规定建立印花税应税凭证登记簿的

C.账册混乱难以查账的

D.不如实提供应税凭证致使计税依据明显偏低的

E.在检查中发现纳税人有未按规定汇总缴纳印花税情况的

4.12 根据印花税相关规定，下列说法正确的有（　　）。

A.除资金账簿外的其他营业账簿无须缴纳印花税

B.纳税人以电子形式签订的合同应征收印花税

C.印刷合同按承揽合同征收印花税

D.证券交易印花税只对受让方征税，不对出让方征收

E.订阅单位和个人之间订立的图书订购单不征收印花税

4.13 下列合同或凭证，免征印花税的有（　　）。

A.无息借款合同

B.将房屋无偿赠与他人签订的产权转移书据

C.农民专业合作社销售农产品签订的买卖合同

D.个人与电子商务经营者订立的电子订单

E.非营利性医疗卫生机构采购药品订立的买卖合同

4.14 根据印花税法对纳税期限的相关规定，下列说法正确的有（　　）。

A.应税合同实行按季计征的，应自季度终了之日起15日内申报纳税

B.应税合同实行按年计征的，应自年度终了之日起15日内申报纳税

C.应税合同实行按月计征的，应自月度终了之日起15日内申报纳税

D.应税合同实行按次计征的，应自纳税义务发生之日起15日内申报纳税

E.证券交易印花税，扣缴义务人应自每周终了之日起7日内申报解缴税款

4.15 根据印花税相关规定，下列说法正确的有（　　）。

A.房屋建筑物所有权转移书据纳税义务发生时间为办理产权转移手续的当日

B.应税合同纳税义务发生时间为书立应税合同的当日

C.证券交易印花税纳税义务发生时间为证券交易完成的当日

D.农牧业保险合同，免征印花税

E.个人出租住房签订的租赁合同，免征印花税

答案与解析

一、单项选择题

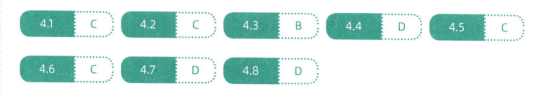

二、多项选择题

一、单项选择题

4.1 斯尔解析　**C**　本题考查印花税应税合同适用的税目。

选项A不当选，"建设工程合同"包括工程勘察、设计、施工合同，工程设计合同属于该税目。选项B不当选，专利权转让合同适用于"产权转移书据"税目。选项C当选，技术合同包括技术开发、转让、咨询、服务等合同。其中技术转让合同包括专利申请转让、非专利技术转让所书立的合同。选项D不当选，设备测试合同适用于"承揽合同"税目。

4.2 斯尔解析　**C**　本题考查印花税的征税范围和纳税人。

选项A不当选，在中华人民共和国境内书立应税凭证、进行证券交易的单位和个人，为印花税的纳税人，具体可分为立合同人、立据人、立账簿人和使用人，但是担保人、证人、鉴定人不作为纳税人。选项B不当选，个人书立的动产买卖合同不征印花税。选项C当选，在境外书立而在境内使用应税凭证的单位和个人，也应按规定缴纳印花税。选项D不当选，银行同业拆借合同不征印花税。

4.3 斯尔解析　**B**　本题考查印花税计税依据的规定。

选项A不当选，财产保险合同的计税依据为支付（收取）的保险费金额，不包括所保财产的金额。选项C不当选，用以货换货方式进行商品交易签订的合同，是反映既购又销双重经济行为的合同，应看成签订了两份合同，按合同所载的购、销金额合计数计税。选项D不当选，建筑安装工程承包合同的计税依据为承包金额，不得扣除任何费用，如果施工单位将自己承包的建设项目再分包或转包给其他施工单位，其所签订的分包或转包合同，仍应按所载金额另行贴花。

4.4 斯尔解析　**D**　本题考查印花税应纳税额的计算。

选项D当选，具体过程如下：

（1）印花税既是凭证税，又具有行为税性质，不论合同是否兑现或能否按期兑现，都应当缴纳印花税。

（2）设备采购合同应按"买卖合同"纳税，应纳税额=2 000×0.3‰×10 000=6 000（元）。

（3）融资租赁合同应按"融资租赁合同"纳税，应纳税额=2 100×0.05‰×10 000=1 050（元）。

故小斯公司上述行为应纳税额=6 000+1 050=7 050（元）。

选项A不当选，误将融资租赁合同按"租赁合同"纳税，适用1‰税率，其计算过程为：6 000+2 100×1‰×10 000=27 000（元）。

选项B不当选，误将"融资租赁合同"税目适用0.005‰的税率，其计算过程为：6 000+2 100×0.005‰×10 000=6 105（元）。

选项C不当选，误将"融资租赁合同"税目适用0.1‰的税率，其计算过程为：6 000+2 100×0.1‰×10 000=8 100（元）。

4.5　斯尔解析　C　本题考查"运输合同"印花税的计算。

选项C当选，具体过程如下：

（1）运输合同的计税依据为取得的运输费金额（运费收入），不包括所运货物的金额、装卸费和保险费等。即不考虑1 000万元和5 000元。

（2）国际货运，托运方全程计税。承运方为我国运输企业的按本程运费计算贴花，承运方为外国运输企业的免征印花税。即只由甲公司缴纳印花税，乙公司免征印花税。

综上，甲公司应缴纳印花税=25×0.3‰×10 000=75（元）。

选项A不当选，误将"运输合同"税率适用了0.5‰，其计算过程为：25×0.5‰×10 000=125（元）。

选项B不当选，未考虑到承运方为外国运输企业的免征印花税。

选项D不当选，误将保险费纳入"运输合同"的计税依据，其计算过程为：（25×10 000+5 000）×0.3‰=76.5（元）。

4.6　斯尔解析　C　本题考查"借款合同"印花税的计算。

选项C当选，具体过程如下：

（1）借款合同，指银行业金融机构、经批准设立的其他金融机构与借款人（不包括同业拆借）的借款合同，不包括企业与企业之间签订的借款合同。故甲企业向乙企业借款100万元无须缴纳印花税。

（2）企业与银行签订的流动资金周转性借款合同，应以合同规定的最高限额为计税依据一次性纳税，在限额内随借随还不签订新合同的，不再缴纳。虽签订合同未实际发生借款的，也需要按照限额纳税。

综上，甲企业与向商业银行签订的借款合同应纳税额=5 000×0.05‰×10 000=2 500（元）。

选项A不当选，误认为与商业银行签订的流动资金周转性借款合同，未实际发生借款业务，无须缴纳印花税。

选项B不当选，误认为与商业银行借款合同无须缴纳印花税，与乙公司借款合同按照0.05‰税率计算缴纳印花税。

选项D不当选，误认为与乙公司签订的借款合同需要计算缴纳印花税。

4.7　 斯尔解析　D　本题考查印花税应纳税额的计算。

选项D当选，具体过程如下：

（1）购入研发设备，合同中单独列明了不含税金额，应以不含税金额作为计税依据，应纳税额=500×0.3‰×10 000=1 500（元）。

（2）技术开发合同，只就合同所载的报酬金额计税，研究开发经费不作为计税依据，应纳税额=100×0.3‰×10 000=300（元）。

（3）一般的法律、会计、审计等方面的咨询不属于技术咨询，故税务咨询合同无须缴纳印花税。

综上，甲企业8月份印花税应纳税额=1 500+300=1 800（元）。

选项A不当选，误认为税务咨询合同应纳税额=106×0.3‰×10 000=318（元）。

选项B不当选，在计算研发设备购入合同的应纳税额时，误用价税合计金额作为计税依据，计算的应纳税额=（500+65）×0.3‰×10 000=1 695（元）。

选项C不当选，在计算技术合同应纳税额时，误将研究开发经费纳入其中，计算的应纳税额=400×0.3‰×10 000=1 200（元）。

4.8　 斯尔解析　D　本题考查印花税计税金额的相关规定。

选项A不当选、选项D当选，应税合同未列明金额的，计税依据应按照实际结算的金额确定。仍无法确定的，再按照书立合同时的市场价格确定。选项B不当选，应税合同中所载金额和增值税分开注明的，按不含增值税的合同金额确定计税依据，但未分别注明时，以合同所载金额（无须价税分离）为计税依据。选项C不当选，证券交易无转让价格的，以办理过户登记手续前一个交易日收盘价（而非"开盘价"）计算确定计税依据。

二、多项选择题

4.9　 斯尔解析　BCDE　本题考查印花税应税合同适用的税目。

选项A不当选，专利申请转让合同和非专利技术转让合同，属于技术合同。选项BCDE当选，专利权转让合同、专有技术使用权转让合同和专利实施许可合同（选项D）、土地使用权出让合同（选项B）、土地使用权转让合同（选项C）、商品房销售合同（选项E），按照产权转移书据征收印花税。

提示："商品房销售合同"不是买卖合同，"买卖合同"仅包括动产买卖合同。

4.10　 斯尔解析　BE　本题考查印花税的征税范围和税收优惠。

选项A不当选，企业与非金融机构（如企业与企业之间）的借款合同，不征收印花税。选项B当选，出版单位与发行单位（不包括订阅单位和个人）之间订立的图书、报纸、音像制品的应税凭证适用"买卖合同"税目。选项C不当选，管道运输合同不属于"运输合同"征税范围，不征收印花税。选项D不当选，再保险合同不属于"财产保险合同"，不征收印花税。选项E当选，抵押贷款合同，按借款合同缴税；因无力偿还而将抵押财产转移时，再按产权转移书据另行缴税。

4.11 斯尔解析 **ABDE** 本题考查核定印花税计税依据的情形。

纳税人有下列情形的，可以核定纳税人印花税计税依据：

（1）未按规定建立印花税应税凭证登记簿，或未如实登记和完整保存应税凭证的（选项AB当选）；

（2）拒不提供应税凭证或不如实提供应税凭证致使计税依据明显偏低的（选项D当选）；

（3）采用按期汇总缴纳办法的，未按税务机关规定的期限报送汇总缴纳印花税情况报告，经税务机关责令限期报告，逾期仍不报告的；或者税务机关在检查中发现纳税人有未按规定汇总缴纳印花税情况的（选项E当选）。

4.12 斯尔解析 **ABCE** 本题考查印花税的征税范围及应税凭证适用税目。

选项D不当选，证券交易印花税只对出让方（而非受让方）征收。

4.13 斯尔解析 **ACDE** 本题考查印花税的税收优惠。

选项B不当选，财产所有权人将财产赠与政府、学校、社会福利机构、慈善组织书立的产权转移书据免征印花税，无偿赠与他人仍要征税。

4.14 斯尔解析 **ABD** 本题考查印花税的纳税期限。

选项ABD当选、C不当选，应税合同、产权转移书据、资金账簿，实行按季、按年或按次计征（没有按月计征）的，自季度终了/年度终了/纳税义务发生之日起15日内申报纳税。选项E不当选，证券交易印花税按周解缴，扣缴义务人应当自每周终了之日起"5日"内申报解缴税款及银行结算的利息。

4.15 斯尔解析 **BCDE** 本题考查印花税征收管理的相关规定。

选项A不当选，选项B当选，合同、产权转移书据、资金账簿，印花税的纳税义务发生时间为书立应税凭证的当日。选项C当选，证券交易印花税纳税义务发生时间为证券交易完成的当日。选项D当选，农牧业保险合同免征印花税。选项E当选，个人出租、承租住房签订的租赁合同，免征印花税。

使用斯尔教育 APP
扫码看解析做好题

第五章　房产税

一、单项选择题

5.1 下列房屋及建筑物中，属于房产税征税范围的是（　　）。

A.加油站的遮阳棚　　　　　　　　B.位于市区的经营性用房

C.单独建造的菜窖　　　　　　　　D.农村的居住用房

5.2 下列出租住房的行为，不分用途不论承租方性质，一律减按4%的税率征收房产税的是（　　）。

A.企业出租在农村的住房

B.个人出租在城市的住房

C.事业单位出租在县城的住房

D.社会团体出租在工矿区的住房

5.3 下列房屋附属设备、配套设施，在计算房产税时不应计入房产原值的是（　　）。

A.消防设备　　　　　　　　　　　B.智能化楼宇设备

C.中央空调　　　　　　　　　　　D.室外露天游泳池

5.4 下列情形中，应该从价计征房产税的是（　　）。

A.单位出租地下人防设施

B.接受劳务为报酬抵付房租

C.以居民住宅区内业主共有的经营性房产进行自营

D.个人出租房屋用于生产经营

5.5 某房地产公司于2021年9月3日将开发的商品房用于出租，租期三年，月租金20万元，该商品房建造成本为5 000万元，当地规定房产税原值的减除比例为20%。2021年该公司应缴纳房产税为（　　）。

A.7.20万元　　　　　B.9.60万元　　　　　C.43.20万元　　　　　D.41.60万元

5.6 某企业2021年3月支付1 000万元取得5万平方米的土地使用权，开发土地发生的费用为500万元，所建厂房的建造面积为2万平方米，建筑成本和费用为2 000万元，2021年底竣工验收并投入使用。对该厂房征收房产税时所确定的房产原值是（　　）。

A.3 200万元　　　　　B.3 500万元　　　　　C.3 300万元　　　　　D.2 600万元

5.7 某企业2021年3月投资1 500万元取得5万平方米的土地使用权，用于建造面积为3万平方米的厂房，建筑成本和费用为2 000万元，2021年底竣工验收并投入使用。对该厂房征收房产税时所确定的房产原值是（　　）。

A.1 500万元　　　　　B.3 500万元　　　　　C.2 000万元　　　　　D.2 900万元

5.8 某公司办公大楼原值30 000万元，2021年2月28日将其中部分闲置房间出租，租期2年。出租部分房产原值5 000万元，租金每年1 000万元。当地规定房产税原值的减除比例为20%，2021年该公司应缴纳房产税为（　　）。

A.288万元　　　　　B.368万元　　　　　C.348万元　　　　　D.388万元

5.9 某商业企业2021年3月购进1栋带有地下储物间的商业用房，并办妥产权证书。其入账价值为8 600万元，其中地下室部分为1 000万元。假设当地规定的房产原值的减除比例为20%，商业用途的地下室应税原值为房产原值的80%。该企业2021年应缴纳房产税（　　）。

A.60.48万元　　　　　B.67.20万元　　　　　C.68.80万元　　　　　D.61.92万元

5.10 居民王某2021年1月31日将自有住房出租，当月交付使用，每月收取不含税租金5 000元。居民王某2021年应缴纳房产税（　　）元。

A.2 200　　　　　B.2 400　　　　　C.7 200　　　　　D.6 600

5.11 2021年4月，某市甲公司以原值500万元、已计提折旧200万元的办公用房对乙公司投资，甲公司每月收取固定利润1.5万元（不含增值税），甲公司不承担风险。甲公司所在地政府规定计算房产余值的扣除比例为20%，2021年甲公司该房产应缴纳房产税（　　）万元。

A.1.44　　　　　B.2.40　　　　　C.2.82　　　　　D.3.04

二、多项选择题

5.12 下列关于房产税纳税人及缴纳税款的说法，正确的有（　　）。
A.租赁合同约定有免收租金期限的出租房产，免收租金期间不需缴纳房产税
B.融资租赁的房产未约定开始日的，由承租人自合同签订当日起缴纳房产税
C.纳税单位无租使用房产管理部门的房产，由使用人代为缴纳房产税
D.产权出典的，由承典人缴纳房产税
E.房屋出租的，由出租人缴纳房产税

5.13 下列关于房产税计税依据的表述中，符合税法规定的有（　　）。
A.融资租赁房屋的，以房产余值计算缴纳房产税
B.纳税人对原有房屋进行改建、扩建的，要相应增加房屋的原值
C.房屋出典的，由承典人按重置成本计算缴纳房产税
D.经营租赁房屋的，以评估价格计算缴纳房产税
E.免收租金期间，应由产权所有人按免租期后租金从租缴纳房产税

5.14 下列关于房产税免税的说法中，正确的有（　　）。
A.中国铁路总公司所属铁路运输企业自用房产免征房产税
B.企业办的技术培训学校自用的房产免征房产税
C.非营利性老年服务机构自用房产暂免征房产税
D.外商投资企业的自用房产免征房产税
E.按国家规定标准收取住宿费的高校学生公寓免征房产税

5.15 根据房产税相关规定，下列房产可免征房产税的有（　　）。
A.按政府规定价格出租的公有住房
B.市文工团的办公用房
C.公园内的照相馆用房
D.施工期间为基建工地服务的临时性办公用房
E.饮水工程运营管理单位自用的生产用房

5.16 根据房产税的相关规定，下列房产中可免征房产税的有（　　　）

A.宗教人员使用的生活用房屋

B.军队出租的空余房产

C.房屋大修导致连续停用三个月，大修理期间的房产

D.为社区提供家政服务的机构无偿使用的用于家政服务的房产

E.停止使用的危险房屋

5.17 下列有关房产税纳税义务发生时间的说法，正确的有（　　　）。

A.购置存量房，自房地产权属登记机关签发房屋权属证书之次月起计征房产税

B.委托施工企业建设的房屋，从办理验收手续之日的次月起计征房产税

C.购置新建商品房，自房地产权属登记机关签发房屋权属证书之次月起计征房产税

D.房地产开发企业自用本企业建造的商品房，自房屋使用或交付之次月起计征房产税

E.将原有房产用于生产经营，从生产经营之次月起计征房产税

答案与解析

一、单项选择题

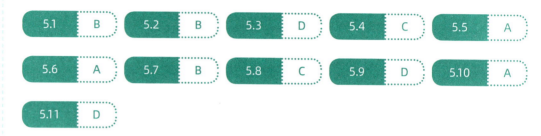

5.1	B	5.2	B	5.3	D	5.4	C	5.5	A
5.6	A	5.7	B	5.8	C	5.9	D	5.10	A
5.11	D

二、多项选择题

| 5.12 | CDE | 5.13 | AB | 5.14 | ABCE | 5.15 | ABDE | 5.16 | ABDE |
| 5.17 | ABD |

一、单项选择题

5.1 斯尔解析 **B** 本题考查房产税的征税范围。

房产税的征税范围需要注意：（1）必须有屋面和围护结构，加油站遮阳棚（选项A不当选）、菜窖（选项C不当选）等都不属于房产，不征收房产税；（2）房产税的征税范围包括城市、县城、建制镇和工矿区的房产，不包括农村（选项D不当选）。选项B当选，关键词"市区""经营性用房"，符合房产税的征税范围。

5.2 斯尔解析 **B** 本题考查房产税适用4%优惠税率的情形。

选项A不当选，房产税征税范围不包括农村。选项B当选，个人出租住房，不分用途，按4%的税率征收房产税。选项CD不当选，企事业单位、社会团体及其他组织按市场价格向"个人"出租用于居住的住房按4%的税率计征房产税，否则按12%计税。

5.3 斯尔解析 **D** 本题考查房产原值的确定。

选项ABC不当选，房产原值应包括与房屋不可分割的各种附属设备或一般不单独计算价值的配套设施，如给排水、采暖、消防、中央空调、电气及智能化楼宇设备等，无论在会计核算中是否单独记账与核算，都应计入房产原值，计征房产税。选项D当选，室外露天游泳池不属于房产，不在房产税的征税范围内，故在计算房产原值时，不应包括室外露天游泳池的原值。

5.4 斯尔解析 **C** 本题考查房产税计征方式的判断。

选项C当选，以居民住宅区内业主共有的经营性房产进行自营，由于其并未出租，故从价计征房产税。选项A不当选，出租地下建筑物，按照出租地上房屋建筑物的有关规定从租计征房产税。选项B不当选，接受劳务抵付房租，其虽以劳务的形式偿付，但本质仍是收取房屋租金，金额根据当地同类房产的租金水平，确定租金标准从租计征。选项D不当选，个人出租房屋用于生产经营，属于从租计征房产税。

5.5 【斯尔解析】 A 本题考查房地产开发企业建造商品房的计税规定。

房地产开发企业建造的商品房，在出售前，不征收房产税；但对出售前房地产开发企业已使用或出租、出借的商品房，自房屋使用或交付之次月起发生纳税义务，按规定征税。

故本题中1~9月份无须缴纳房产税，自10月份起从租计征房产税，应纳房产税=$20 \times 3 \times 12\%=7.2$（万元），选项A当选。

选项B不当选，误认为自出租当月起发生纳税义务。

选项C不当选，1~9月份将商品房的建造成本视为房屋原值，适用从价计征的方式计算房产税。

选项D不当选，误认为自出租当月起发生纳税义务，9~12月份适用从租计征的方式计算房产税，且1~8月份适用从价计征的方式计算房产税。

5.6 【斯尔解析】 A 本题考查房产原值的确定。

选项A当选，具体过程如下：

（1）对按照房产原值计税的房产，无论会计上如何核算，房产原值均应包含地价，包括为取得土地使用权支付的价款1 000万元、开发土地发生的成本费用500万元等。

（2）本题中宗地容积率=房屋建筑面积÷占地面积=$2 \div 5=0.4$，宗地容积率小于0.5，按房产建筑面积的2倍计算土地面积并据此确定计入房产原值的地价。

即计入房产原值的地价款=房产建筑面积的2倍×（总地价款÷总用地面积）=（2×2）×［（1 000+500）÷5］=1 200（万元）。

综上，该厂房计征房产税的房产原值=1 200+2 000=3 200（万元）。

选项B不当选，在容积率小于0.5时，误将全部的地价款计入房产原值。

选项C不当选，错误计算了应纳入房产原值的地价款，其计算过程为：（2×2）×1 000÷5+500=1 300（万元）。

选项D不当选，在计算土地价款时，误按照建造面积占总土地面积的比例乘以总地价款进行计算。

5.7 【斯尔解析】 B 本题考查房产原值的确定。

选项B当选，具体过程如下：

（1）对按照房产原值计税的房产，无论会计上如何核算，房产原值均应包含地价，包括为取得土地使用权支付的价款、开发土地发生的成本费用等。

（2）本题中宗地容积率=房屋建筑面积÷占地面积=$3 \div 5=0.6$，宗地容积率大于0.5，应将土地价款全额计入房产税的计税依据中。

综上，该厂房计征房产税的房产原值=1 500+2 000=3 500（万元）。

选项A不当选，房产原值未考虑厂房的建筑成本和费用。

选项C不当选，房产原值未考虑土地价款。

选项D不当选，在计算土地价款时，误按照建造面积占总土地面积的比例乘以总地价款进行计算。

5.8 〔斯尔解析〕 **C** 本题考查房产税的计算。

选项C当选，具体过程如下：

出租的房产自交付出租之次月（3月）起从租计征房产税，故分两个时间段分别计算房产税：

（1）1～2月份，办公楼全部自用，适用从价计征方式计算房产税。

1-2月份应纳房产税=30 000×（1-20%）×1.2%×2/12=48（万元）

（2）3～12月份，办公楼自用部分仍从价计征房产税，出租部分从租计征房产税。

3～12月份从价计征房产税=（30 000-5 000）×（1-20%）×1.2%×10/12=200（万元）

3～12月份从租计征房产税=1 000×12%×10/12=100（万元）

综上，2021年该公司应缴纳房产税=48+200+100=348（万元）。

选项A不当选，误将该房产全部适用从价计征的房产税计算公式。

选项B不当选，在计算3～12月份从租计征房产税时，直接用全年租金乘以税率，未进行年月换算。

选项D不当选，在计算3～12月份从价计征房产税时，房产原值仍按照全部原值30 000万计算，未扣除出租部分原值5 000元。

提示：

（1）适用从价计征的房产税公式计算出的是全年税，需注意年月之间的换算；

（2）对于从租计征的部分，需关注题干中的租金为年租金/月租金，如为年租金，也需进行年月之间的换算。

（3）本题的第二种计算方法如下：

①房产出租部分，需要分自用和出租两段计算房产税，自交付出租之次月（3月）起从租计征房产税，前两个月从价计征房产税。故房产出租部分全年应纳房产税=5 000×（1-20%）×1.2%×2/12+1 000×12%×10/12=108（万元）；

②房产未出租部分，全年均从价计征房产税，全年应纳房产税=（30 000-5 000）×（1-20%）×1.2%=240（万元）；

综上，2021年该公司应缴纳房产税=108+240=348（万元）。

5.9 〔斯尔解析〕 **D** 本题考查具备房屋功能的地下建筑房产税的计税规定。

选项D当选，具体过程如下：

（1）对于与地上房屋相连的地下建筑，如房屋的地下室、地下停车场、商场的地下部分等，应将地下部分与地上房屋视为一个整体，按照地上房屋建筑的有关规定计算征收房产税。

（2）购置新建商品房，自房屋交付使用之次月起计征房产税。该企业3月购进的房屋，应从4月开始计征房产税。

综上，该企业2021年应缴纳房产税=8 600×（1-20%）×1.2%×9/12=61.92（万元）。

选项A不当选，误按照独立地下建筑物，在原值基础上"打折"的方式计算应纳房产税。

选项B不当选，该地下储物间既误用了独立地下建筑物的计算方式，纳税义务发生时间又错误的判断为购入当月。

选项C不当选，纳税义务发生时间判断错误，误自购入当月开始计税。

提示：只有从价计征的"独立"的地下建筑物，才需要在原值上"打折"。

5.10 斯尔解析 A 本题考查个人出租住房房产税的税收优惠及计算。

选项A当选，具体过程如下：

（1）个人自有住房不征收房产税，故2021年1月王某无需缴纳房产税；

（2）个人住房出租后需从租计征房产税。出租、出借房产，自交付出租、出借房产之次月（2月）起计征房产税；

（3）个人出租住房，不区分用途，均按4%的税率征收房产税。

综上，王某2021年应缴纳房产税=5 000×4%×11=2 200（元）。

选项B不当选，纳税义务时间判断错误，误自出租当月开始计税。

选项C不当选，未考虑到个人出租住房4%的税收优惠，且纳税义务发生时间误认为是出租当月。

选项D不当选，未考虑到个人出租住房4%的税收优惠。

5.11 斯尔解析 D 本题考查投资联营房产计税依据的规定和应纳税额的计算。

选项D当选，具体过程如下：

（1）企业生产经营用房应从价计征房产税，因此1～4月从价计征房产税；

（2）以房产投资，收取固定收入，不承担联营风险的，实际是以联营名义取得房产租金，由出租方按租金收入计算缴纳房产税。对于出租、出借房产的，自交付出租、出借房产之次月起计征房产税，因此甲公司在5～12月应从租计征房产税。

综上，2021年甲公司应纳房产税=500×（1–20%）×1.2%×4/12+1.5×8×12%=3.04（万元）。

选项A不当选，未考虑在房产出租前，办公用房应按照房产余值从价计征房产税。

选项B不当选，在计算1～4月份从价计征的房产税时，计税依据误用账面净值减扣除比例。

选项C不当选，出租房产误从出租当月开始计税。

二、多项选择题

5.12 斯尔解析 CDE 本题考查房产税纳税人及纳税义务的相关规定。

选项A不当选，租赁合同约定有免收租金期限的出租房产，免收租金期间由产权所有人按照房产余值缴纳房产税。选项B不当选，融资租赁的房产，由承租人自租赁合同约定开始日的次月起依照房产余值缴纳房产税；合同未约定开始日的，由承租人自合同签订的次月起依照房产余值缴纳房产税，而非"当月"。

选项C当选，纳税单位和个人无租使用房产管理部门、免税单位及纳税单位的房产，应由使用人代为缴纳房产税。选项DE当选，需要结合习题加强识记。

提示：房产税的纳税人具体规定如下：

产权的情形	纳税人
产权属集体和个人所有	集体单位和个人
产权属国家所有	经营管理单位
产权出典	承典人
产权所有人、承典人不在房屋所在地	房产代管人或使用人
产权未确定及租典纠纷未解决的	
居民住宅区内业主共有的经营性房产	

5.13 【斯尔解析】 **AB** 本题考查房产税计税依据的具体规定。

选项AB当选。选项C不当选，产权出典的房产，由承典人依照房产余值缴纳房产税。选项D不当选，房产出租的，以房产租金收入为房产税的计税依据。选项E不当选，免收租金期间，产权所有人应按"房产余值"缴纳房产税。

5.14 【斯尔解析】 **ABCE** 本题考查房产税的税收优惠。

选项A当选，中国铁路总公司所属铁路运输企业自用的房产，免征房产税。选项B当选，企业办的各类学校、医院、托儿所、幼儿园自用的房产免税。选项C当选，老年服务机构自用的房产暂免征收房产税。选项D不当选，外商投资企业的自用房产照章征收房产税。选项E当选，按照国家规定的收费标准收取住宿费的高校学生公寓免征房产税。

5.15 【斯尔解析】 **ABDE** 本题考查房产税的税收优惠。

选项A当选，按政府规定价格出租的公有住房和廉租住房暂免征收房产税。选项B当选，国家机关、人民团体、军队自用的房产免征房产税，市文工团的办公用房属于人民团体自用房产，可以享受免税优惠。选项C不当选，宗教寺庙、公园、名胜古迹自用的房产免税，但是宗教寺庙、公园、名胜古迹中附设的营业单位，如照相馆、茶社等房产，应照常征税。选项D当选，在基建工地为基建工地服务的各种工棚、材料棚、休息棚、办公室、食堂、茶炉房、汽车房等临时性房屋，在施工期间，一律免征房产税。但是，在工程结束后，将这种临时性房屋交还或者估价转让给基建单位的，应当从接收的次月起，依照规定缴纳房产税。选项E当选，饮水工程运营管理单位自用的生产、办公用房产，免征房产税。

5.16 【斯尔解析】 **ABDE** 本题考查房产税的税收优惠。

选项A当选，宗教寺庙自用的房产免税，具体是指举行宗教仪式等的房屋和宗教人员使用的生活用房屋免税。选项B当选，对军队空余房产租赁收入免征房产税。选项C不当选，因房屋大修导致连续停用半年以上（而不是三个月）的，在房屋大修期间免征房产税。选项D当选，自2019年6月1日至2025年12月31日，为社区提供养老、托育、家政等服务的机构自用或其通过承租、无偿使用等方式取得并用于提供社区养老、托育、家政服务的房产免征房产税。选项E当选，经有关部门鉴定，对毁损不堪居住的房屋和危险房屋，在停止使用后，可免征房产税。

5.17　🔆斯尔解析　**ABD**　本题考查房产税的纳税义务发生时间。

选项C不当选，购置新建商品房，自房屋交付使用的次月起计征房产税。选项E不当选，将原有房产用于生产经营，从生产经营之月起计征房产税。

提示：关于房产税的纳税义务发生时间一般都是从"次月"起开始缴纳房产税的，只有将原有房产用于生产经营的，从生产经营"之月"起计征房产税。

使用斯尔教育 APP
扫码看解析做好题

第六章　车船税

一、单项选择题

6.1　下列关于车船税的说法中，正确的是（　　）。

A.拖拉机属于车船税的征收范围

B.扣缴义务人代扣代缴车船税的，车辆登记地主管税务机关不再征收

C.境内单位和个人将船舶出租到境外的，不征收车船税

D.仅在单位内部场所作业而无须进行车辆登记的机动车辆不需要缴纳车船税

6.2　下列关于车船税的说法，正确的是（　　）。

A.拖船按船舶税额的70%计算车船税

B.挂车按照货车税额的50%计算车船税

C.非机动驳船按照机动船舶税额60%计算车船税

D.纯电动乘用车按照乘用车税额的50%计算车船税

6.3　某公司2021年有如下车辆：货车5辆，每辆整备质量10吨；7月份购入挂车2辆，每辆整备质量5吨，购入客货两用车3辆，每辆整备质量8吨。公司所在地政府规定货车年税额96元/吨，客车每辆年税额1 200元。2021年该公司应缴纳的车船税（　　）元。

A.6 432　　　　　　B.6 192　　　　　　C.6 840　　　　　　D.5 960

6.4　某公司2021年2月1日购入一载货商用车，当月办理机动车辆权属证书，并办理车船税完税手续。此车整备质量为10吨，每吨年单位税额96元。该车于6月1日被盗，经公安机关确认后，该公司遂向税务局申请退税，但在办理退税手续期间，此车又于9月1日被追回并取得公安机关证明。则该公司就该车2021年实际应缴纳的车船税为（　　）元。

A.240　　　　　　B.480　　　　　　C.640　　　　　　D.720

6.5　某公司2021年6月1日购入2辆燃料电池乘用车，1辆排气量2.0升的油电混合动力乘用车，购进货车1辆，整备质量为9.999吨。此外，当月该公司关联方赠予其同型号的二手货车一辆，该车辆在赠予前已经缴纳车船税。公司所在地人民政府规定的排气量2.0升乘用车年税额540元/辆，货车年税额80元/吨。该公司2021年应缴纳的车船税为（　　）元。

A.624.12　　　　　　B.781.62　　　　　　C.781.67　　　　　　D.1 248.24

6.6　下列车船中，免征车船税的是（　　）。

A.辅助动力帆艇　　　　　　　　　B.武警专用车船

C.半挂牵引车　　　　　　　　　　D.客货两用汽车

6.7 依法需要办理登记的应税车辆，纳税人自行申报缴纳车船税的地点是（   ）。

A.车辆登记地

B.车辆购置地

C.单位的机构所在地

D.个人的经常居住地

二、多项选择题

6.8 下列车辆，应缴纳车船税的有（   ）。

A.挂车

B.插电式混合动力汽车

C.国际组织驻华代表机构使用的车辆

D.摩托车

E.节能汽车

6.9 下列应税车辆中，以"整备质量每吨"作为车船税计税单位的有（   ）。

A.挂车

B.货车

C.客车

D.乘用车

E.专用作业车

6.10 根据车船税税收优惠相关规定，下列说法正确的有（   ）。

A.国家机关的车辆免征车船税

B.经批准临时入境的台湾地区籍车船不征收车船税

C.增程式混合动力汽车免征车船税

D.省、自治区、直辖市人民政府可根据当地情况，对公共交通车船定期减征或免征车船税

E.养殖渔船免征车船税

答案与解析

一、单项选择题

| 6.1 | B | 6.2 | B | 6.3 | B | 6.4 | C | 6.5 | B |

| 6.6 | B | 6.7 | A |

二、多项选择题

| 6.8 | ADE | 6.9 | ABE | 6.10 | BCDE |

一、单项选择题

6.1 【斯尔解析】 **B** 本题考查车船税的征税范围及征收管理。

车船税的征税范围包括依法应当在车船登记管理部门登记的机动车辆和船舶，也包括依法不需要在车船登记管理部门登记的在单位内部场所行驶或者作业的机动车辆和船舶（选项D不当选）。上述机动车辆包括乘用车、商用车（包括客车、货车）、挂车、专用作业车、轮式专用机械车、摩托车、机动船舶、游艇，但不包含拖拉机（选项A不当选）。选C不当选，境内单位和个人租入外国籍船舶的，不征收车船税。境内单位和个人将船舶出租到境外的，应依法征收车船税。

6.2 【斯尔解析】 **B** 本题考查车船税计税依据的特殊规定。

选项AC不当选，拖船、非机动驳船按照机动船舶税额的50%计算车船税。选项B当选，挂车按照货车税额的50%计算车船税。选项D不当选，纯电动乘用车、燃料电池乘用车不属于车船税征税范围；纯电动商用车、燃料电池商用车属于车船税的征税范围，但是有免税的税收优惠。

6.3 【斯尔解析】 **B** 本题考查车船税应纳税额的计算。

选项B当选，具体过程如下：

（1）公司2021年原有的5辆货车应纳车船税=5×10×96=4 800（元）。

（2）挂车按照货车税额的50%征收；纳税义务发生时间为取得车船管理权的当月，即7月。

故7月份新购入的挂车应纳车船税=2×5×96×50%×6/12=240（元）

（3）客货两用车按照货车的计税单位和税额计征车船税。

故7月份新购入的客货两用车应纳车船税=3×8×96×6/12=1 152（元）

综上，2021年应纳车船税=4 800+240+1 152=6 192（元）。

选项A不当选，在计算挂车的应纳税额时未考虑挂车按照货车税额的50%征收。

选项C不当选，在计算客货两用车的应纳税额时误按照客车的计税单位和税额计算。

选项D不当选，新购车辆的纳税义务发生时间误认为是购入次月。

6.4 　斯尔解析　C　本题考查车辆被盗及失而复得时车船税应纳税额的计算。

购置的新车船，购置当年的应纳税额自纳税义务发生的当月起按月计算；在一个纳税年度内，已完税的车船被盗抢、报废、灭失的，纳税人可以凭有关管理机关出具的证明和完税证明，向纳税所在地的主管地方税务机关申请退还自被盗抢、报废、灭失月份起至该纳税年度终了期间的税款；已办理退税的被盗抢车船失而复得的，纳税人应当从公安机关出具相关证明的当月起计算缴纳车船税。该公司就该车2021年实际应缴纳的车船税的期间为2～5月和9～12月。即该公司应缴纳车船税额=10×96×（4+4）÷12=640（元），选项C当选。

6.5 　斯尔解析　B　本题考查车船税的计算。

选项B当选，具体过程如下：

（1）燃料电池乘用车不属于车船税的征税范围。

（2）减半征收的节能乘用车需要满足排气量在1.6升以下（含）的条件，该单位购入的油电混合动力乘用车排气量为2.0升，不满足减半征收的优惠条件。车船税的纳税义务发生时间为购入车船的当月，故该车辆2021年应纳税额=1×540×7/12=315（元）。

（3）整备质量、净吨位、艇身长度等计税单位，有尾数的一律按照含尾数的计税单位据实计算应纳税额，如货车的整备质量应按照9.999吨计算，而不能四舍五入为10.00吨。该货车2021年应纳税额=1×9.999×80×7/12=466.62（元）。

（4）已缴纳车船税的车船在同一纳税年度内办理转让过户的，不另纳税，也不退税，故受赠的已纳税的二手货车当年无须另行缴纳车船税。

综上，该公司2021年应缴纳的车船税=315+466.62=781.62（元）。

选项A不当选，油电混合动力乘用车误认为符合节能汽车减半征收的条件。

选项C不当选，在计算货车的应纳税额时，整备质量四舍五入按10吨计算。

选项D不当选，受赠的二手货车误认为也要缴纳车船税。

6.6 　斯尔解析　B　本题考查车船税的税收优惠。

选项A不当选，辅助动力帆艇属于游艇的征税范围，且无免税优惠。选项B当选，军队、武装警察部队专用车船、警用车船，免征车船税。选项C不当选，货车包括半挂牵引车、三轮汽车和低速载货汽车，应缴纳车船税。选项D不当选，客货两用汽车按照货车的计税单位和税额计征车船税。

6.7 　斯尔解析　A　本题考查车船税的纳税地点。

选项A当选，车船税的纳税地点为车船登记地或者车船税扣缴义务人所在地。依法不需要办理登记的车船，车船税的纳税地点为车船的所有人或者管理人所在地。

二、多项选择题

6.8 　[斯尔解析]　**ADE**　本题考查车船税的征税范围及税收优惠。

选项A当选，挂车按照货车税额的50%计算车船税。选项BC不当选，免征车船税。选项D当选，摩托车属于车船税应税车辆。选项E当选，节能汽车减半征收车船税。

6.9 　[斯尔解析]　**ABE**　本题考查各应税车辆的计税单位。

选项CD不当选，客车、乘用车以"每辆"作为车船税计税单位。

提示：注意商用车税目中，客车以"每辆"作为计税单位、货车以"整备质量每吨"作为计税单位。

6.10 　[斯尔解析]　**BCDE**　本题考查车船税的税收优惠。

选项A不当选，国家机关、事业单位、人民团体等财政拨付经费单位的车船，应照章缴纳车船税。选项B当选，经批准临时入境的外国车船和香港特别行政区、澳门特别行政区、台湾地区的车船，不征收车船税。选项C当选，纯电动商用车、插电式（含增程式）混合动力汽车、燃料电池商用车免征车船税。选项D当选，省、自治区、直辖市人民政府可根据当地情况，对公共交通车船定期减征或免征车船税。选项E当选，捕捞、养殖渔船免征车船税。

使用斯尔教育 APP
扫码看解析做好题

第七章 契 税

一、单项选择题

7.1 单位和个人发生下列行为，应缴纳契税的是（　　）。

A.转让土地使用权
B.转让不动产所有权
C.承受不动产所有权
D.赠与不动产所有权

7.2 下列关于契税的说法中，错误的是（　　）。

A.土地使用权出让的，契税计税依据包括土地出让金、城市基础设施配套费以及各种补偿费用等

B.土地使用权及地上建筑物转让的，应以承受方应付的总价款为计税依据

C.承受的房屋附属设施应当与房屋一起计价，适用于房屋相同的契税税率

D.以房抵债，计税依据为土地、房屋权属转移合同确定的成交价格

7.3 下列关于契税计税依据的说法，正确的是（　　）。

A.房屋交换价格差额明显不合理且无正当理由的，由税务机关参照成本价格核定

B.买卖装修的房屋，契税计税依据不包括装修费用

C.承受国有土地使用权，契税计税依据可以扣减政府减免的土地出让金

D.契税的计税依据不含增值税

7.4 某公司2021年1月以1 200万元（不含增值税）购入一幢旧写字楼作为办公用房，该写字楼原值2 800万元，已计提折旧800万元；2021年3月用一辆价值80万的车与王某价值200万的住房交换，作为员工宿舍，并向王某支付差价120万。当地适用契税税率3%，该公司应缴纳契税（　　）万元。

A.39.60　　　　B.42.00　　　　C.63.60　　　　D.66.00

7.5 下列行为，应缴纳契税的是（　　）。

A.夫妻离婚分割财产，发生房屋权属变更

B.法定继承人继承房屋权属

C.饮水工程运营管理单位为建设饮水工程而承受的土地使用权

D.以无偿划拨方式承受土地使用权后，改为出让方式取得该土地使用权

7.6 下列说法中，符合契税纳税义务发生时间规定的是（　　）。

A.纳税人接收土地、房屋的当日

B.纳税人支付土地、房屋款项的当日

C.纳税人签订土地、房屋权属转移合同的当日

D.纳税人办理土地、房屋权属证书的当日

7.7 关于契税征收管理，下列说法正确的是（　　）。

A.契税在纳税人所在地的税务机关申报纳税

B.在依法办理土地、房屋权属登记后，可以向税务机关申请退还已缴纳的税款

C.纳税人应当在依法办理土地、房屋权属登记手续前申报缴纳契税

D.纳税人不需要办理土地、房屋权属登记的，应自纳税义务发生之日起60日申报纳税

二、多项选择题

7.8 下列行为，应征收契税的有（　　　）。

A.以抵债方式取得房屋产权

B.为拆房取料而购买房屋

C.受让国有土地使用权

D.以获奖方式取得房屋产权

E.将自有房产投入本人独资经营的企业

7.9 单位和个人发生的下列行为，应征收契税的有（　　　）。

A.土地经营权的转移

B.购入房屋用于翻建新房

C.单位以房屋、土地以外的资产增资，被投资公司已办理变更工商登记

D.非法定继承人承受死者生前的房屋

E.金融租赁公司开展售后回租业务，承受承租人房屋、土地权属

7.10 甲企业2021年5月以自有房产作价20 000万元对乙企业进行投资并取得了相应的股权，办理了产权过户手续，税务机关按照市场价格核定的价格为29 000万元。2021年9月丙企业以股权支付方式购买该房产并办理了过户手续，支付的股份价值为30 000万元。同年12月份，该房产价值31 000万元，丙企业将其与丁企业价值30 000万元的厂房进行互换，丁企业支付差价款1 000万元。下列各企业计缴契税的处理中，正确的有（　　　）。

A.甲企业按29 000万元作为计税依据计缴契税

B.丙企业按30 000万元作为计税依据计缴契税

C.乙企业向丙企业出售房屋不缴纳契税

D.乙企业按29 000万元作为计税依据计缴契税

E.丁企业按31 000万元作为计税依据计缴契税

7.11 根据契税的有关规定，下列说法正确的有（　　　）。

A.个体工商户将其名下的房屋、土地权属转移到经营者个人名下的，应征收契税

B.合伙企业的合伙人将其名下的房屋、土地权属转移至合伙企业名下，应征收契税

C.房屋为家庭唯一住房，在婚姻关系存续期间变更为夫妻双方共有的，免征契税

D.非营利性的医疗机构承受员工内部食堂自用的土地、房屋权属，免征契税

E.承受荒山用于农业生产，免征契税

7.12 根据契税的有关规定，下列表述正确的有（　　　）。

A.因共有不动产份额发生变化，导致土地、房屋权属转移的，承受方应缴纳契税

B.契税申报以不动产单元为基本纳税单位

C.以出让方式承受原改制重组企业划拨用地的，免征契税

D.城镇职工第一次购买公有住房的，免征契税

E.为社区提供养老服务的机构，承受房屋用于社区养老的，免征契税

7.13　纳税人缴纳契税且办理权属登记后发生下列情形，可以依照有关法律法规申请退税的有（　　）。

A.合同一方违约导致合同被解除，且房屋权属变更至原权利人的

B.因人民法院裁决导致房屋权属转移行为被解除，且房屋权属变更至原权利人的

C.在出让土地使用权交付时，因容积率调整导致需退还土地出让价款的

D.在新建商品房交付时，因实际交付面积小于合同约定导致需返还房价款的

E.双方自愿协商权属转移合同不生效的

答案与解析

一、单项选择题

7.1　C　　7.2　C　　7.3　D　　7.4　B　　7.5　D

7.6　C　　7.7　C

二、多项选择题

7.8　ABCD　　7.9　BDE　　7.10　BCD　　7.11　CE　　7.12　ABDE

7.13　BCD

一、单项选择题

7.1　（斯尔解析）　C　本题考查契税的纳税义务人。

选项C当选，契税的纳税人是房屋、土地权属的承受方，转让方无需缴纳契税，需要缴纳土地增值税。

7.2　（斯尔解析）　C　本题考查契税计税依据的相关规定。

选项A不当选，该表述正确，契税的计税依据包括土地出让金、土地补偿费、安置补助费、地上附着物和青苗补偿费、征收补偿费、城市基础设施配套费、实物配建房屋等应交付的货币以及实物、其他经济利益对应的价款。选项B不当选，该表述正确，土地使用权及地上建筑物转让的，应以承受方应付的总价款为计税依据。选项C当选，房屋附属设施适用的契税税率应分两种情况：（1）与房屋为同一不动产单元的，承受方应付的总价款（与房屋统一计价），适用房屋的税率；（2）与房屋为不同不动产单元，转移合同确定的成交价格，单独计税。并不是所有情况均与房屋一起计价，适用房屋税率。选项D不当选，该表述正确，作价投资（入股）、抵债、以实物交换等情形，计税依据为土地、房屋权属转移合同确定的成交价格，即应交付的货币、实物、无形资产或者其他经济利益；而不是房屋现值。

7.3　（斯尔解析）　D　本题考查契税计税依据的相关规定。

选项A不当选，房屋交换价格差额明显不合理且无正当理由的，由征收机关参照"市场价格"核定。选项B不当选，房屋买卖的契税计税价格为房屋买卖合同的总价款，买卖装修的房屋，装修费用应包括在内。选项C不当选，承受国有土地使用权，不得因减免土地出让金而减免契税。选项D当选，契税的计税依据不含增值税。

7.4 斯尔解析 B 本题考查契税计税依据的相关规定。

选项B当选，具体过程如下：

（1）土地使用权出售、房屋买卖，其计税价格为成交价格。该公司购入写字楼应纳契税税额=1 200×3%=36（万元）。

（2）公司以车换房，属于以实物交换房产的情形（而不是土地、房屋权属互换），计税依据为应付的货币、实物及其他经济利益，即200万元。故该公司以车换房应纳契税税额=200×3%=6（万元）。

综上，该公司应缴纳契税=36+6=42（万元）。

选项A不当选，误认为以车换房属于土地、房屋权属互换的情形，以支付的差价作为计税依据。

选项C不当选，写字楼的计税依据误认为是账面净值，且误将以车换房认为属于土地、房屋权属互换的情形。

选项D不当选，写字楼的计税依据误认为是账面净值。

7.5 斯尔解析 D 本题考查契税的税收优惠。

选项A不当选，夫妻因离婚分割共同财产发生土地、房屋权属变更的，免征契税；婚姻关系存续期间夫妻之间变更土地、房屋权属，免征契税。选项B不当选，法定继承人通过继承承受土地、房屋权属的，免征契税；但非法定继承人继承房屋，应缴纳契税。选项C不当选，自2019年1月1日至2023年12月31日，对饮水工程运营管理单位为建设饮水工程而承受土地使用权，免征契税。选项D当选，先以划拨方式取得土地使用权，后经批准改为出让方式取得该土地使用权的，应依法缴纳契税，其计税依据为补缴的土地出让价款

7.6 斯尔解析 C 本题考查契税的纳税义务发生时间。

选项C当选，契税的纳税义务发生时间是纳税人签订土地、房屋权属转移合同的当日，或者取得其他具有土地、房屋权属转移合同性质凭证的当日。

7.7 斯尔解析 C 本题考查契税征收管理的相关规定。

选项A不当选，契税在土地、房屋所在地的税务机关申报纳税。选项B不当选，在依法办理土地、房屋权属登记"前"，权属转移合同、权属转移合同性质凭证不生效、无效、被撤销或者被解除的，可以向税务机关申请退还已缴纳的税款。选项D不当选，按规定不再需要办理土地、房屋权属登记的，纳税人应自纳税义务发生之日起90日（而不是60日）内申报缴纳契税。

二、多项选择题

7.8 斯尔解析 ABCD 本题考查契税的征税范围。

选项E不当选，以自有房产作股投入本人独资经营的企业（个人独资企业），免纳契税。

7.9 斯尔解析 BDE 本题考查契税的征税范围。

选项A不当选，土地承包经营权和土地经营权的转移不属于土地使用权的转让，不征收契税。选项B当选，买房拆料或翻建新房，应视同房屋买卖，缴纳契税。选项C不当选，单位或个人以房产投资入股、增资，应视同房屋买卖，征收契税；而单位或个人以房屋、土地以外的资产增资，相应扩大其在被投资公司的

股权持有比例，无论被投资公司是否变更工商登记，其房屋、土地权属不发生转移，不征收契税。选项D当选，非法定继承人承受死者生前的房屋，应视同赠与，缴纳契税。选项E当选，对金融租赁公司开展售后回租业务，承受承租人房屋、土地权属的，照章征税。对售后回租合同期满，承租人回购原房屋、土地权属的，免征契税。

7.10 【斯尔解析】 **BCD** 本题考查契税的纳税义务人及计税依据。

选项A不当选、选项C当选，契税是向产权承受人，即受让方，征收的一种税。甲企业以房产投资、乙企业向丙企业出售房屋，两者都属于转让方，不缴纳契税。

选项B当选，丙企业以股权支付方式购买房产，仍属于房屋买卖，以其成交价格（股权支付的股份价值30 000万元）为计税依据，由承受方丙企业缴纳契税。

选项D当选，以房产作投资、入股，视同房屋买卖，以成交价格为计税依据，但成交价格明显偏低且无正当理由的，以税务机关核定价格为计税依据，故乙企业按29 000万元作为计税依据缴纳契税。

选项E不当选，单位和个人土地使用权互换、房屋互换的，由支付差额（1 000万元）的一方为计税依据缴纳契税。

7.11 【斯尔解析】 **CE** 本题考查契税的税收优惠。

选项A不当选，个体工商户的经营者将其个人名下的房屋、土地权属转移至个体工商户名下，或个体工商户将其名下的房屋、土地权属转回原经营者个人名下，免征契税。选项B不当选，合伙企业的合伙人将其名下的房屋、土地权属转移至合伙企业名下，或合伙企业将其名下的房屋、土地权属转回原合伙人名下，免征契税。选项C当选，婚姻关系存续期间夫妻之间变更土地、房屋权属以及夫妻因离婚分割共同财产发生土地、房屋权属变更的，均免征契税。选项D不当选，非营利性医疗机构承受土地、房屋权属只有用于医疗的，才免征契税；用于其他用途的，应照章征税。选项E当选，承受荒山、荒地、荒滩土地使用权用于农、林、牧、渔业生产，免征契税。

7.12 【斯尔解析】 **ABDE** 本题综合考查契税的相关规定。

选项C不当选，以出让方式或国家作价出资（入股）方式承受原改制重组企业、事业单位划拨用地的，对承受方应按规定征收契税。

7.13 【斯尔解析】 **BCD** 本题考查契税退税的规定。

选项AE不当选，在依法办理土地、房屋权属登记"前"，权属转移合同不生效、无效、被撤销或者被解除的，可以向税务机关申请退还已缴纳的税款。

纳税人缴纳契税后发生下列情形，可依照有关法律法规申请退税：

（1）因人民法院判决或者仲裁委员会裁决导致土地、房屋权属转移行为无效、被撤销或者被解除，且土地、房屋权属变更至原权利人的（选项B当选）；

（2）在出让土地使用权交付时，因容积率调整或实际交付面积小于合同约定面积需退还土地出让价款的（选项C当选）；

（3）在新建商品房交付时，因实际交付面积小于合同约定面积需返还房价款的（选项D当选）。

使用斯尔教育APP
扫码看解析做好题

第八章　城镇土地使用税

一、单项选择题

8.1　某企业在市区拥有一宗地块，尚未由有关部门组织测量面积，但持有政府部门核发的土地使用证书。下列关于该企业履行城镇土地使用税纳税义务的表述中，正确的是（　　）。

A.暂缓履行纳税义务

B.自行测量土地面积并履行纳税义务

C.待将来有关部门测定完土地面积后再履行纳税义务

D.以证书确认的土地面积作为计税依据履行纳税义务

8.2　某企业2021年度拥有位于市郊的一宗地块，面积为10 000平方米，其中5 500平方米种植果树用于采摘，2 500平方米为水果罐头生产基地，2 000平方米为办公生活用地。该市规定的城镇土地使用年税额为2元/平方米，则该企业2021年度就此地块应缴纳的城镇土地使用税为（　　）万元。

A.2.00　　　　　　B.1.10　　　　　　C.0.90　　　　　　D.0.40

8.3　某事业单位位于市区，实行自收自支自负盈亏，占地80 000平方米。其中：业务办公用地占地10 000平方米，兴办的非营利性老年公寓占地20 000平方米，对外开放的公园占地40 000平方米，其余土地对外出租。该地段年单位税额2元/平方米。2021年该单位应缴纳城镇土地使用税（　　）元。

A.80 000　　　　　B.40 000　　　　　C.100 000　　　　　D.20 000

8.4　下列用地，可免征城镇土地使用税的是（　　）。

A.军队家属的院落用地

B.国家机关的办公用地

C.房地产公司开发写字楼用地

D.企业内部道路绿化用地

8.5　下列关于城镇土地使用税减免税优惠的说法，正确的是（　　）。

A.农业生产单位的办公用地免征城镇土地使用税

B.事业单位的业务用地免征城镇土地使用税

C.港口的码头用地免征城镇土地使用税

D.企业的绿化用地免征城镇土地使用税

8.6　下列各项中，应由省、自治区、直辖市税务机关确定是否减免城镇土地使用税的是（　　）。

A.矿山采矿场用地

B.城市公交站场运营用地

C.企业办的学校、托儿所和幼儿园自用的土地

D.个人所有的居住房屋用地

8.7 纳税人购置新建商品房，其城镇土地使用税纳税义务发生时间为（　　）。

A.房屋交付使用之次月 　　　　　　　　　B.办理房产证之次月

C.签订房屋买卖合同之次月 　　　　　　　D.房屋竣工验收之次月

二、多项选择题

8.8 根据城镇土地使用税纳税人的相关规定，下列说法正确的有（　　）。

A.个人拥有土地使用权的，以个人为纳税人

B.单位拥有土地使用权的，以单位为纳税人

C.土地使用权出租的，以承租人为纳税人

D.土地使用权属未确定的，以实际使用人为纳税人

E.土地使用权属共有的，以共有各方为纳税人

8.9 下列关于城镇土地使用税减免税的说法，正确的有（　　）。

A.企业厂区外、与社会公用地段未加隔离的铁路专用线免征城镇土地使用税

B.物流企业承租的大宗商品仓储设施用地，免征城镇土地使用税

C.企业厂区外公共绿化用地免征城镇土地使用税

D.农副产品加工厂用地免征城镇土地使用税

E.免税单位无偿使用纳税单位土地免征城镇土地使用税

8.10 下列关于城镇土地使用税纳税义务发生时间的说法，正确的有（　　）。

A.通过拍卖方式取得建设用地（不属于新征用耕地），应从合同约定的交付土地时间的次月起缴纳城镇土地使用税

B.以出让方式取得土地使用权，应由受让方从合同约定的交付土地时间的次月起缴纳城镇土地使用税

C.购置存量房，自房产权属登记机关签发房屋权属证书的次月起计征城镇土地使用税

D.纳税人新征用的非耕地，自批准征用之日起满1年时开始缴纳城镇土地使用税

E.购置新建商品房，自签订房屋销售合同的次月起计征城镇土地使用税

8.11 下列关于城镇土地使用税减免税优惠的说法，正确的有（　　）。

A.农产品批发市场餐饮区用地免征城镇土地使用税

B.省级科技企业孵化器出租给在孵对象使用的土地，免征城镇土地使用税

C.民航机场飞行区场内外通信导航设施用地，免征城镇土地使用税

D.民航机场道路中，场外道路用地免征城镇土地使用税

E.盐滩、盐矿的生产厂房用地免征城镇土地使用税

8.12 关于城镇土地使用税的征收管理，下列说法不正确的有（　　）。

A.纳税人使用的土地不属于同一省管辖的，向纳税人机构所在地的税务机关申报缴纳

B.纳税人新征用的土地，必须于批准新征用之日起15日内申报登记

C.城镇土地使用税按年计算，分期缴纳，纳税期限由市级人民政府确定

D.在同一省管辖范围内，纳税人跨地区使用土地的，由省级税务局确定纳税地点

E.城镇土地使用税在土地所在地纳税

8.13　下列关于城镇土地使用税的说法，正确的有（　　　）。

A.经省人民政府批准，经济落后地区，其适用税额可以适当降低，但降低额不得超过规定最低税额的50%

B.经省人民政府批准，经济发达地区的适用税额可以适当提高

C.实行差别幅度税额，各省、自治区、直辖市人民政府确定所辖地区的适用税额幅度

D.集体和个人办的各类学校、医院、托儿所和幼儿园用地免税

E.房地产开发企业建造的除经济适用房外的商品房用地，即使尚未出售，也应缴纳城镇土地使用税

答案与解析

一、单项选择题

二、多项选择题

一、单项选择题

8.1 🔍斯尔解析　D　本题考查城镇土地使用税的计税依据。

城镇土地使用税以纳税人实际占用的土地面积为计税依据。纳税人实际占用的土地面积按下列办法确定：（1）以房地产管理部门核发的土地使用证书与确认的土地面积为准（选项D当选）；（2）尚未核发出土地使用证书的，应由纳税人申报土地面积，据以纳税，待核发土地使用证后再作调整。

8.2 🔍斯尔解析　C　本题结合税收优惠考查城镇土地使用税的计算。

选项C当选，具体过程如下：

（1）考虑税收优惠。直接用于农、林、牧、渔业的生产用地，免税；农副产品加工厂占地和生活、办公用地应照章征收城镇土地使用税。故该企业种植果树的5 500平方米土地可以免征，其余用地应照章征税。

（2）注意单位换算。题干已知税率单位是"元"，选项是"万元"。

综上，该企业2021年应缴纳的城镇土地使用税=（2 500+2 000）×2÷10 000=0.9（万元）。

选项A不当选，未考虑直接用于农、林、牧、渔业的生产用地免税的规定。

选项B不当选，误按照果树占地作为计税依据计算应纳税额。

选项D不当选，误认为农副产品加工厂用地免税。

8.3 🔍斯尔解析　B　本题结合税收优惠考查城镇土地使用税的计算。

选项B当选，具体过程如下：

（1）由国家财政部门拨付事业经费的单位自用的土地免征城镇土地使用税，但实行自收自支后，应征收房产税，故本题中业务办公用地应纳税。

（2）对企事业单位兴办的非营利性的老年服务机构（含老年公寓）自用的土地以及企业厂区以外向社会开放的公园用地，均暂免征收城镇土地使用税。

综上，2021年该单位应缴纳城镇土地使用税=（80 000−20 000−40 000）×2=40 000（元）。

选项A不当选，未考虑非营利性老年服务机构自用的土地免税。

选项C不当选，误将业务办公用地和对外开放的公园占地作为计税依据，计算纳税。

选项D不当选，未考虑对外出租的土地应纳税。

8.4 **斯尔解析** B 本题考查城镇土地使用税的税收优惠。

选项A不当选，免税单位职工家属的宿舍用地，由各省、自治区、直辖市税务局确定征免城镇土地使用税。选项B当选，国家机关、人民团体、军队自用的土地免征城镇土地使用税。选项C不当选，房地产开发公司开发建造商品房的用地，除经批准开发建设经济适用房的用地外，对各类房地产开发用地一律不得减免城镇土地使用税。选项D不当选，对企业厂区（包括生产、办公及生活区）以内的绿化用地，应照章征收城镇土地使用税。

8.5 **斯尔解析** C 本题考查城镇土地使用税的税收优惠。

选项A不当选，直接从事种植、养殖、饲养的专业用地免征城镇土地使用税，农业生产单位的办公用地要照章征收土地使用税。选项B不当选，由国家财政部门拨付事业经费的单位自用的土地，免税，但不包括实行自收自支、自负盈亏的事业单位。选项C当选，港口码头（即泊位，包括岸边码头、伸入水中的浮码头、堤岸、堤坝、栈桥等）用地免税，其他用地应照章征税。选项D不当选，企业厂区内的绿化用地照章征税，厂区以外的公共绿化用地暂免征税。

8.6 **斯尔解析** D 本题考查城镇土地使用税的税收优惠。

由省、自治区、直辖市税务机关确定是否减免的情形有：

（1）个人所有的居住房屋及院落用地（选项D当选）。

（2）免税单位职工家属的宿舍用地。

（3）集体和个人办的各类学校、医院、托儿所和幼儿园用地。

选项ABC不当选，均属于免缴城镇土地使用税的优惠。

8.7 **斯尔解析** A 本题考查城镇土地使用税的纳税义务发生时间。

选项A当选，购置新建房，自房屋交付使用之次月起缴纳城镇土地使用税。

二、多项选择题

8.8 **斯尔解析** ABDE 本题考查城镇土地使用税纳税义务人的相关规定。

选项AB当选、选项C不当选，城镇土地使用税由拥有土地使用权的单位或个人缴纳，土地使用权出租的，应以拥有土地使用权的单位或个人，即出租人为纳税人。选项D当选，土地使用权未确定或权属纠纷未解决的，其实际使用人为纳税人。选项E当选，土地使用权共有的，共有各方都是纳税人，由共有各方分别纳税。

8.9 **斯尔解析** ACE 本题考查城镇土地使用税的税收优惠。

选项B不当选，物流企业承租的大宗商品仓储设施用地，减按50%计征城镇土地使用税，而不是免税。选项D不当选，直接用于农、林、牧、渔业的生产用地免征城镇土地使用税，但农副产品加工厂占地和从事农、林、牧、渔业生产单位的生活、办公用地仍应照章纳税。

8.10 〔斯尔解析〕　ABC　本题考查城镇土地使用税的纳税义务发生时间。

选项D不当选，纳税人占用的非耕地，自批准征用"次月"起计征城镇土地使用税。新征用的耕地，自批准征用之日起满1年时开始缴纳城镇土地使用税。选项E不当选，纳税人购置新建商品房的，自"房屋交付使用"之"次月"起计征城镇土地使用税。

8.11 〔斯尔解析〕　BCD　本题考查城镇土地使用税的税收优惠。

选项A不当选，农产品批发市场、农贸市场专门用于经营农产品的土地，免征城镇土地使用税，但是其行政办公区、生活区，以及商业餐饮娱乐等非直接为农产品交易提供服务的土地，应照章征收城镇土地使用税。选项B当选，对国家级、省级科技企业孵化器、大学科技园和国家备案的众创空间自用及无偿或通过出租等方式提供给在孵对象使用的土地，免征城镇土地使用税。选项C当选，机场飞行区（包括跑道、滑行道、停机坪、安全带、夜航灯光区）用地、场内外通信导航设施用地和飞行区四周排水防洪设施用地，免征城镇土地使用税。选项D当选，机场道路中，场外道路用地免征城镇土地使用税，场内道路用地照章征收。选项E不当选，盐场的盐滩、盐矿的矿井用地，暂免征收城镇土地使用税，但生产厂房、办公、生活区用地，照章征收城镇土地使用税。

8.12 〔斯尔解析〕　ABC　本题考查城镇土地使用税的征收管理。

选项A当选，纳税人使用的土地不属于同一省（自治区、直辖市）管辖的，由纳税人分别向土地所在地的税务机关申报缴纳。选项B当选，纳税人新征用的土地，必须于批准新征用之日起30日内申报登记。选项C当选，城镇土地使用税按年计算，分期缴纳。缴纳期限由省、自治区、直辖市人民政府确定（非市级人民政府）。

8.13 〔斯尔解析〕　CE　本题考查城镇土地使用税的相关规定。

选项A不当选，经省、自治区、直辖市人民政府批准，经济落后地区，城镇土地使用税的适用税额标准可适当降低，但降低额不得超过上述规定最低税额的30%（而不是50%）。选项B不当选，经济发达地区的适用税额标准可以适当提高，但须报财政部批准（而不是经省人民政府批准，也不是经国家税务总局批准）。选项D不当选，集体和个人办的各类学校、医院、托儿所和幼儿园用地，由省、自治区、直辖市税务局确定具体的减免优惠。

使用斯尔教育APP
扫码看解析做好题

第九章　耕地占用税

一、单项选择题

9.1　下列用地行为，无需缴纳耕地占用税的是（　　）。

A.地质勘查临时占用耕地

B.污染毁损耕地

C.军队为执行任务必需设置的临时设施占用耕地

D.农村居民在规定用地标准以内占用耕地新建自用住宅

9.2　下列关于耕地占用税减免税优惠的说法，正确的是（　　）。

A.建设直接为农业生产服务的生产设施占用林地的，不征耕地占用税

B.专用铁路占用耕地的，减按2元/平方米的税额征收耕地占用税

C.农村居民搬迁新建住宅占用耕地的，免征耕地占用税

D.专用公路占用耕地的，免征耕地占用税

9.3　农村居民王某2021年6月经批准，在户口所在地占用耕地2 500平方米，其中2 000平方米用于种植中药材，500平方米用于新建住宅（符合当地规定标准）。该地区耕地占用税税额为每平方米30元。王某应缴纳耕地占用税（　　）元。

A.3 750　　　　　　　　　　　B.7 500

C.15 000　　　　　　　　　　D.37 500

9.4　下列关于耕地占用税的说法不正确的是（　　）。

A.占用园地从事非农业建设，视同占用耕地征收耕地占用税

B.减免耕地占用税后纳税人改变原占地用途、不再属于减免税情形的，应当补缴耕地占用税

C.耕地占用税采用地区差别比例税率

D.医院内职工住房占用耕地的，应当按照当地适用税额缴纳耕地占用税

9.5　下列关于耕地占用税征收管理的说法，不正确的是（　　）。

A.纳税人在批准临时占用耕地期满之日起1年之内恢复所占用耕地原状的，全额退还已缴耕地占用税

B.未经批准占用耕地的，其纳税义务发生时间为收到主管税务机关通知申报的当天

C.纳税人占用耕地的，应当在耕地所在地申报纳税

D.经批准占用耕地的，纳税义务发生时间为纳税人收到自然资源主管部门办理手续通知的当天

二、多项选择题

9.6　某县直属中心医院，2021年5月6日收到土地管理部门办理农用地手续的通知，占用耕地9万平方米，其中医院内职工住房占用基本农田1.5万平方米、占用养殖水面1万平方米，所占耕地适用的税额为20元/平方米。下列关于耕地占用税的说法，正确的有（　　　）。

A.该医院耕地占用税的计税依据是2.5万平方米

B.耕地占用税在纳税人获准占用耕地环节一次性课征

C.养殖水面属于其他农用地，占用养殖水面建设职工住房不属于耕地占用税征税范围

D.该医院应缴纳耕地占用税50万元

E.该医院占用耕地的纳税义务发生时间为2021年5月6日当天

9.7　下列用地行为，应征收耕地占用税的有（　　　）。

A.新建住宅和办公楼占用林地

B.飞机场修建跑道占用耕地

C.修建专用公路占用耕地

D.企业新建厂房占用耕地

E.农田水利占用耕地

9.8　下列关于耕地占用税的说法正确的有（　　　）。

A.人均耕地低于0.5亩的地区，省级人民政府可以适当提高税额，但提高的部分不得超过当地规定税额标准的150%

B.占用养殖水面从事非农业建设的，适用税额可以适当降低，但降低的部分不得超过50%

C.各地的适用税额是指省级人民代表大会常务委员会决定的应税土地所在地市级行政区的现行适用税额

D.应税土地面积，包括经批准占用面积和未经批准占用面积

E.免征耕地占用税后纳税人改变原占地用途的，应补缴税款，补缴税款按实际占用耕地面积和改变用途时当地适用税额计算

9.9　关于耕地占用税的征收管理，下列说法正确的有（　　　）。

A.免税学校内的经营性场所占用耕地，按当地适用税额缴纳耕地占用税

B.纳税人因压占损毁的耕地，自相关部门认定毁损之日起5年内依法复原的，可申请退税

C.自纳税义务发生之日起15日内申报纳税

D.耕地占用税由税务机关征收

E.在供地环节，建设用地人使用耕地用途符合免税情形的，可由建设用地人申请退税

答案与解析

一、单项选择题

| 9.1 | C | 9.2 | A | 9.3 | B | 9.4 | C | 9.5 | B |

二、多项选择题

| 9.6 | ABE | 9.7 | ABCD | 9.8 | BDE | 9.9 | AD |

一、单项选择题

9.1 斯尔解析　C　本题考查耕地占用税的征税范围。

选项A不当选,纳税人因建设项目施工或者地质勘查临时占用耕地,应缴纳耕地占用税;若在批准临时占用耕地期满之日起1年内依法复垦,恢复种植条件的,全额退还已经缴纳的耕地占用税。选项B不当选,纳税人因挖损、采矿塌陷、压占、污染等损毁耕地,应依法缴纳耕地占用税;若自然资源、农业农村等相关部门认定损毁耕地之日起3年内依法复垦或修复,恢复种植条件的,可以依法申请退税。选项C当选,军事设施占用耕地免征耕地占用税,其中军事设施包括军队为执行任务必需设置的临时设施。选项D不当选,农村居民在规定用地标准以内占用耕地新建自用住宅,按照当地适用税额减半征收耕地占用税。

9.2 斯尔解析　A　本题考查耕地占用税的税收优惠。

选项A当选,占用耕地从事农业建设的,不征耕地占用税。选项BD不当选,专用铁路和专用公路占用耕地的,按照当地适用税额缴纳耕地占用税。铁路线路、公路线路、飞机场跑道、停机坪、港口、航道、水利工程占用耕地,减按每平方米2元的税额征收耕地占用税。选项C不当选,农村居民经批准搬迁,新建自用住宅占用耕地"不超过原宅基地面积的",免征耕地占用税;超过原宅基地面积的,对"超过部分"按照当地适用税额"减半"征收耕地占用税。

9.3 斯尔解析　B　本题考查税收优惠和耕地占用税的计算。

选项B当选,具体过程如下:

（1）占用2 000平方米耕地种植中药材,不征收耕地占用税;

（2）农村居民占用耕地新建住宅,按照当地适用税额减半征收耕地占用税;

（3）耕地占用税一次性缴纳。

综上,王某新建住宅应缴纳的耕地占用税=500×30×50%=7 500（元）。

选项A不当选,误认为耕地占用税从批准次月起开始缴纳,2021年应缴纳6个月（7～12月）税款。

选项C不当选,未考虑农村居民占用耕地新建住宅,减半征收的税收优惠。

选项D不当选,直接按占用耕地的全部面积计算应纳税额。

9.4　斯尔解析　　C　本题考查耕地占用税的相关规定。

选项C当选，耕地占用税采用地区差别定额税率，而非比例税率。

9.5　斯尔解析　　B　本题考查耕地占用税的征收管理。

选项B当选，未经批准占用耕地的，耕地占用税纳税义务发生时间为自然资源主管部门认定的实际占用耕地的当天。

二、多项选择题

9.6　斯尔解析　　ABE　本题考查耕地占用税的税收优惠、应纳税额的计算及征收管理。

选项A当选、选项C不当选，医疗机构占用耕地免征耕地占用税，但限于其专门从事医疗活动的场所，医疗机构内职工住房占用耕地的，按照当地适用税额缴纳耕地占用税。占用园地、林地、牧草地、农田水利用地、养殖水面以及渔业水域滩涂等其他农用地建房或者从事非农业建设的，比照占用耕地征收耕地占用税。因此，医院耕地占用税的计税依据=1.5+1=2.5（万平方米）。选项B当选，耕地占用税一次性征收。选项D不当选，纳税人占用基本农田的，加按150%征收，应缴纳耕地占用税=1.5×20×150%+1×20=65（万元）。选项E当选，纳税义务发生时间为纳税人收到自然资源主管部门办理占用耕地手续的书面通知的当日，即2021年5月6日当日。

9.7　斯尔解析　　ABCD　本题考查耕地占用税的征税范围及税收优惠。

选项AD当选，选项E不当选，纳税人占用耕地从事非农业建设应征收耕地占用税，占用耕地建设农田水利设施，不征收耕地占用税。选项B当选，铁路线路、公路线路、飞机场跑道、停机坪、港口、航道占用耕地，减按每平方米2元的税额征收耕地占用税，而不是免税。选项C当选，专用公路，按照当地适用税额缴纳耕地占用税。

9.8　斯尔解析　　BDE　本题考查耕地占用税税率及计税依据的相关规定。

选项A不当选，人均耕地低于0.5亩的地区，省、自治区、直辖市政府可以适当提高适用税额，但"提高的部分"不得超过当地规定税额标准的"50%"。选项B当选，占用园地、林地、草地、农田水利用地、养殖水面、渔业水域滩涂以及其他农用地建设建筑物、构筑物或者从事非农业建设的，适用税额可以适当降低，但降低的部分不得超过50%。选项C不当选，适用税额是指省、自治区、直辖市人民代表大会常务委员会决定的应税土地所在地"县级"行政区的现行适用税额。选项D当选，未经批准占用的土地面积也应该计入耕地占用税的计税依据中。选项E当选，补缴税款时适用税额应按"改变用途时"的适用税额计算。

9.9　斯尔解析　　AD　本题考查耕地占用税的征收管理。

选项B不当选，纳税人因挖损、采矿塌陷、压占、污染等损毁耕地，应缴纳耕地占用税，自相关部门认定损毁耕地之日起3年内依法复垦或修复，恢复种植条件的，可申请退税。选项C不当选，纳税人应自纳税义务发生之日起30日内申报纳税。选项E不当选，在供地环节，建设用地人使用耕地用途符合免税情形的，由用地申请人和建设用地人"共同申请"，退还用地申请人已经缴纳的耕地占用税。

第十章　船舶吨税

一、单项选择题

10.1　下列从境外进入我国港口的船舶中，免征船舶吨税的是（　　　）。

A.养殖渔船

B.非机动驳船

C.拖船

D.吨税执照期满后24小时内上下客货的船舶

10.2　船舶吨税的纳税人未按期缴清税款的，自滞纳税款之日起至缴清税款之日止，按日加收滞纳金的比率是滞纳税款的（　　　）。

A.0.2‰　　　　　　B.0.5‰　　　　　　C.5‰　　　　　　D.2‰

二、多项选择题

10.3　下列船舶中，免征船舶吨税的有（　　　）。

A.应纳税额在人民币50元以下的船舶

B.非机动驳船

C.警用船舶

D.运抵我国港口进行拆解的报废船舶

E.自境外购买取得船舶所有权的初次进口到港的空载船舶

10.4　下列关于船舶吨税征收管理的表述中，正确的有（　　　）。

A.船舶吨税由海关负责征收

B.船舶吨税纳税义务发生时间为应税船舶进入港口的当日

C.应税船舶在吨税执照期限内，因修理、改造导致净吨位变化的，需要重新办理吨税执照

D.应税船舶在吨税执照期满后尚未离开港口的，应当申领新的吨税执照，自上一次执照期满的当日起续缴吨税

E.应税船舶负责人应当自海关填发吨税缴款凭证之日起15日内缴清税款

10.5　下列关于船舶吨税的说法中，正确的有（　　　）。

A.自境外以购买方式取得船舶所有权的初次进口到港的载人船舶，免征船舶吨税

B.相同净吨位的船舶，吨税执照期限越长，适用的单位税额越低

C.应税船舶在吨税执照期限内，发生防疫隔离情形的，海关可按照实际发生的天数批注延长吨税执照期限

D.海关发现少征税款的，自应税船舶应当缴纳税款之日起一年内，补征税款，同时加收滞纳金

E.海关发现多征税款的，应当在24小时内通知应税船舶办理退还手续，并加算银行同期活期存款利息

10.6 应税船舶到达港口前经海关核准先行申报并办结入境手续的，应提供相适应的担保。下列财产、权利可以用于担保的有（　　　）。

A.银行保函

B.非金融机构开具的保函

C.债券

D.汇票

E.不可自由兑换货币

答案与解析

一、单项选择题

| 10.1 | A | 10.2 | B |

二、多项选择题

| 10.3 | ACE | 10.4 | ABE | 10.5 | CE | 10.6 | ABCD |

一、单项选择题

10.1 斯尔解析　**A**　本题考查船舶吨税的税收优惠。

选项A当选，捕捞、养殖渔船，免征船舶吨税。选项BC不当选，非机动驳船和拖船需要按照相同净吨位船舶税率的50%计征税。选项D不当选，吨税执照期满后24小时内"不上下"客货的船舶免征船舶吨税。

提示：非机动船舶，免征；非机动驳船，征收。

10.2 斯尔解析　**B**　本题考查船舶吨税的征收管理。

选项B当选，应税船舶负责人应当自海关填发船舶吨税缴款凭证之日起15日缴清税款。未按期缴清税款的，自滞纳税款之日起至缴清税款之日止，按日加收滞纳税款0.5‰的滞纳金。

二、多项选择题

10.3 斯尔解析　**ACE**　本题考查船舶吨税的税收优惠。

选项B不当选，非机动船舶（不包括非机动驳船），免征船舶吨税。选项D不当选，终止运营或者拆解，并"不上下客货"的船舶免征船舶吨税。

10.4 斯尔解析　**ABE**　本题考查船舶吨税的征收管理。

选项C不当选，应税船舶在吨税执照期限内，因修理、改造导致净吨位变化的，吨税执照继续有效。选项D不当选，应当自上一次执照期满的"次日"起续缴吨税，而非"当日"。

10.5 斯尔解析　**CE**　本题考查船舶吨税的税收优惠及征收管理。

选项A不当选，自境外以购买、受赠、继承等方式取得船舶所有权的初次进口到港的"空载"船舶，免征船舶吨税。选项B不当选，相同净吨位的船舶，吨税执照期限越长，适用的单位税额越高。选项D不当选，海关发现少征或者漏征税款的，一年内补征，不加征滞纳金；但因应税船舶违反规定造成税款少征或漏征的，海关可以自应当缴纳税款之日起三年内追征，并按日加征滞纳金。

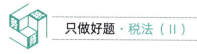
10.6 🔖斯尔解析　**ABCD**　本题考查船舶吨税担保的规定。

下列财产、权利可以用于担保：

（1）人民币、可自由兑换货币（选项E不当选）；

（2）汇票、本票、支票、债券、存单（选项CD当选）；

（3）银行、非银行金融机构的保函（选项AB当选）；

（4）海关依法认可的其他财产、权利。

小斯有话说：

　　做完不代表做对，做对不代表都会，认真回顾做题过程，总结掉坑经验，下次可千万别再犯同样的错误啦！

　　学员：

过